南京地标 -

千秋风雅——秦淮河

高安宁◎著

南京出版传媒集团　南京出版社

图书在版编目（CIP）数据

千秋风雅——秦淮河 / 高安宁著. -- 南京：南京
出版社，2018.1
（南京地标）
ISBN 978-7-5533-2136-3

Ⅰ.①千… Ⅱ.①高… Ⅲ.①秦淮河—介绍 Ⅳ.
①K928.42

中国版本图书馆CIP数据核字（2018）第015567号

丛 书 名：南京地标
丛书主编：曹路宝
书　　名：千秋风雅——秦淮河
作　　者：高安宁
出版发行：南京出版传媒集团
　　　　　南　京　出　版　社
　　社址：南京市太平门街53号　　　邮编：210016
　　网址：http://www.njcbs.cn　　　电子信箱：njcbs1988@163.com
　　天猫1店：https://njcbcmjtts.tmall.com/　天猫2店：https://nanjingchubanshets.tmall.com/
　　联系电话：025-83283893、83283864（营销）　　025-83112257（编务）

出 版 人：朱同芳
出 品 人：卢海鸣
责任编辑：王松景
装帧设计：王　俊
责任印制：杨福彬

制　　版　南京新华丰制版有限公司
印　　刷　南京凯德印刷有限公司
开　　本　787毫米×1092毫米　1/32
印　　张　6.75
字　　数　120千
版　　次　2018年1月第1版
印　　次　2018年3月第2次印刷
书　　号　ISBN 978-7-5533-2136-3
定　　价　22.00元

天猫1店　　天猫2店

上架建议：旅游·历史

编委会

主　　任　曹路宝

副 主 任　陈　炜　朱同芳

委　　员　（以姓氏笔画为序）

　　　　　王　鹤　卢海鸣　孙维桢

　　　　　朱明娥　陈宁骏　项晓宁

　　　　　高安宁　樊立文

丛书主编　曹路宝

统　　筹　时鹏程　朱天乐　杨传兵

总　序

　　古今中外，任何一座具有鲜明特色和独特文化的城市，无不存在着若干彰显城市特征、气质和精神的"地标"。这些有形的地标，与城市一同孕育成长、发展壮大，在城市肌体上"自然生长"，与凝结于其中的人和事一道，共同塑造出城市的文化和品格。

　　南京是举世闻名的历史文化名城，人类文明可追溯到遥远的史前时代。自周元王四年（公元前472年）建城开始，至今已近2500年。在漫长的发展过程中，自然与人文的有机结合，山川与人物的完美邂逅，景观与文采的虚实建构，使得各个时期的南京都曾产生过地标。这些散布全城的地标，或是一条河流，或是一个湖泊，或是一处古遗迹，或是一座古建筑，它们是这座古城悠久历史和文化内涵的注脚。秦淮河流淌的千年烟雨，明城墙绵延的百里沧桑，大报恩寺辉映的佛光刹影，总统府见证的时代更迭……无不记录了南京的兴衰变迁和悠悠记忆。偌大的南京城中，生于斯长于斯的人们也时刻感受着不同地标带来的魅力。

城南人熟知夫子庙的俚俗繁华，城北人醉心于玄武湖的平静舒展，城西人惯于徜徉在石头城外的莫愁湖边，城东人则钟情于紫金山的雄伟豪迈。正是由于这些地标的存在，南京被赋予了诸多耳熟能详的称谓——龙盘虎踞、中华佛都、天下文枢、胜利之城……而这些称谓，正是南京城市文化的标签和名片。

文化是一座城市的灵魂，体现着城市的软实力。作为城市文化载体的南京地标，很早便引起了人们的关注。明清以至民国的多部金陵老风景画，多以其时地标为描绘对象，可以称得上是对当时南京地标的"检阅"。在建设"强富美高"新南京的今天，随着在优秀文化传承创新、文化产业跨越发展、文化加快"走出去"等方面持续发力，南京奏响了文化强音，城市文化建设迈上了新台阶。在这样的背景下，为了树立崭新的城市形象，塑造有品格、有内涵的现代都市，让全国乃至世界读懂南京、热爱南京，从一个崭新的角度展现南京的魅力，我们推出了这套"南京地标"丛书。丛书以图文并茂、专题叙述的方式，讲述这些地标的前世今生、建筑特征、文化内涵和遗产价值等，力争成为人们品味南京文化的又一力作。同时，希望丛书的出版，能成为这些地标的精品宣传册，以便利海内外游客的造访。

丛书编委会

序　言

　　南京有一根响着水声的琴弦，世上的知音万万千千；南京有一幅用河房水阁装饰的画卷，水墨的风致魅力无限……这就是名人大家诗词里流淌出来的秦淮河！

　　秦淮河是南京古老文明的摇篮，是南京城市的母亲河，而"十里秦淮"则为金陵自古繁华之地，文化核心之区。公元前472年以降，范蠡筑城，秦皇断垄，吴宫花草，晋代衣冠，南朝文韵，南唐词采，大明气象，天国风云及民国风雅，秦淮河穿越历史长空，无不流荡六朝之金粉，也无不纷呈十代之风华。

　　迢迢绿水，隐隐青山；秦淮神韵，气贯千秋。从历史源头汩汩而来的秦淮河，浸润着古都南京的城市之根，濡染着明城墙下的文化之薮。在南京近2500年建城史、450年建都史的漫长岁月里，悠悠秦淮河延续着一座城市的人文脉络。

　　"衣冠文物盛于江南，文采风流甲于海内。"在中国都市文化版图上，"十里秦淮"是文化含金量最高的一条河。她与文学、书画、音乐、佛教、科举、园林和民俗等诸多方面结下了不解之缘，如此抒情地展现着我们这座城市——作为国家历史文化名城的惊人神采和大雅气韵。

秦淮河孕育和滋润了我们可爱南京的城市之根、文化之魂，而独步青史，优雅前行。

《千秋风雅——秦淮河》一书，只是在秦淮河古朴的街巷边，捡拾几枚马头墙下的史迹；只是在秦淮河漂泊的画舫边，掬起几捧月色里的掌故。全书共21个篇目：有反映秦淮河漫漫履历和帝都气象的，如"南京母亲河""越城长干""金陵王气""帝京门户"和"园墅无俗情"；有表现秦淮河文化的深度、宽度、高度和文人气度的，如"天下文枢""中国诗河""贡院'首斯邦'""周处读书台""凤凰台追星族""栏杆拍遍赏心亭"和"《儒林外史》出秦淮"；有讲述秦淮河成语典故和民间传说的，如"梅花三弄""桃叶渡之魅"和"画龙点睛"；有赞美秦淮河历史风情和侠骨情怀的，如"河房千秋""画舫入梦""南都绝唱"和"秦淮八艳"；还有记载秦淮河佛教之盛和"非遗"文化的，如"佛都圣境"和"灯会灯彩甲天下"。它们虽然属于不同的历史时期，属于不同的文化类别，但无一不是秦淮河最具特色的文化地标。

这就是华夏所有城市里的第一历史文化名河——秦淮河的千秋风雅之所在！

目　录

南京母亲河

　　秦淮河是南京最古老、最人文、最靓丽和最温情的
文化名片!

　　秦淮河古称龙藏浦,汉魏六朝时称淮水,又称小江。
因民间传说秦始皇凿方山,引淮水入江,故而改为秦淮
河了。南宋张敦颐《六朝事迹编类》上说,秦淮河"不
类人功,疑非秦皇所开。而后人因名秦淮者,以凿方山
言之"。意思是说,秦淮河不像是人工开凿的,后人把
它叫作秦淮河,大概是受到秦始皇凿方山这个民间传说
的影响。

　　到过南京的人,没人不知道秦淮河的;到秦淮河乘
过画舫的人,没人不知道"十里秦淮"的。因为秦淮河
也好,"十里秦淮"也罢,名气实在太大了。其实,"十
里秦淮"只是秦淮河最精彩、最繁华的一个段落,它的

总长度不到秦淮河的二十几分之一。

　　秦淮河自古就是一条天然河流，全长 110 多公里，主要支流 16 条，流域面积达 2600 多平方公里。它有两个源头：东源（也称北源）发源于句容的宝华山，此河即句容河；南源发源于溧水的东庐山，也即溧水河。东源、南源的两条河逶迤而西，流经江宁，合自方山西北

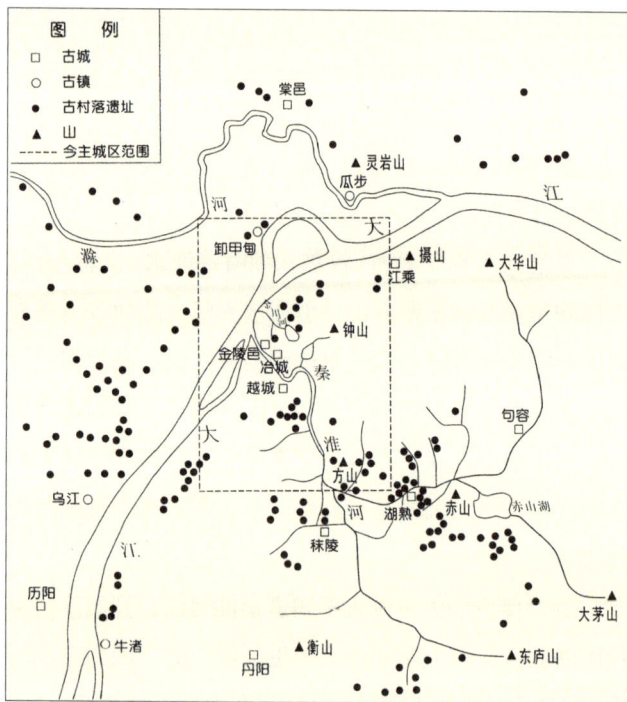

　　一百多公里的秦淮河两岸，布满了南京先人的古村落。此图为《南京古村落遗址分布图》

秦淮河交汇于东水关，一支由此入城，即十里秦淮；另一支绕城流向水西门，即外秦淮河，又称护城河

村附近，形成秦淮河干流。然后再向刘家渡、东山、河定桥、七桥瓮一带蜿蜒，流到南京明城墙东南隅的通济门，在此一分为二：一支从东水关入城，自东向西流经文正桥、平江桥、文源桥、文德桥、武定桥、朱雀桥、镇淮桥、甘露桥、新桥、上浮桥、仙鹤桥和下浮桥，由西水关出城，汇入外秦淮河；另一支为明城墙外侧的护城河，流经红旗桥、雨花桥、1865晨光创意产业园、大报恩寺遗址公园、长干桥、饮马桥、凤台桥、集庆门桥、三山桥，继续向西北流经汉中门、清凉门、石头城和草场门等处，直至三汊河，最后注入长江。

从江苏版图上可以看出，秦淮河只是长江下游的一

夫子庙处的秦淮河是历史上南京最繁华的人文区域

个支流。它的流域分布范围内，是江苏西南部丘陵地区的盆地地貌：东面有茅山山脉，南面有横山，西南有云台山、牛首山，北面有宁镇山脉，其余皆为平原。在一般人想象中，河流总是向东流的，而秦淮河流向，却偏偏是向西北流入长江。

历史上南京城区的河流，经过了一次重大的改道。至少在一二万年前，那时的秦淮河大约从通济门进入现在的城区，再经过淮青桥向北，流经四象桥、大行宫、九华山、玄武湖，西折经过模范马路、金川河，从狮子山脚下流入大江。那么，这条"秦淮古道"为什么会改变流向？原来是因为地壳运动造成的，致使钟山余脉向西入城的九华山、鸡笼山、鼓楼岗隆起，阻隔了"秦淮古道"流向玄武湖，而在东水关处西拐，流经夫子庙和门东、门西，形成了现在的"十里秦淮"。

水脉、山脉、城脉、文脉和龙脉，五脉相融，孕育了南京历史文化名城的高古气质，而水脉则是关键因素。

秦淮河是南京城市诞生和发展过程中的生命之源。这条汩汩流动的河流，哺育了世世代代的南京人民，孕育了由小到大的南京城市，滋润了博大精深的南京文化。据考古研究，在汤山发现的南京猿人，距今大约 60 万年前，这是继元谋猿人、蓝田猿人、周口店猿人、和县猿人之后的重大考古新突破，证实了长江流域也是中华民族的发祥地之一。

在五六千年前的新石器时期，秦淮河沿岸是南京先民居住稠密的区域，其中著名的有鼓楼北阴阳营文化遗址的原始村落、湖熟文化遗址的原始村落等。3000 年前，南京约有 300 多处先民居住点，大多分布于秦淮河两岸，

文庙学宫前的泮池，积淀了深厚的秦淮历史文化底蕴

他们已经掌握了铁和青铜的冶炼技术,并且以此制作弓、箭、矛、钩、刀、斧等器具,用作打仗、渔猎、生活的工具,还饲养了马、牛、羊、猪、狗、鸡、鸭、鹅等家畜家禽。特别是在长干里、横塘、秣陵等地,自发地形成了南京最早的手工业、商贸、水运等业态,促进了秦淮河最初的繁荣。

与水相伴,依水而建,是城市得以可持续发展的基础。南京就是这样一个典型的城市。历史上十个朝代出于政治、经济、文化和军事的考量,先后建都南京,都离不开秦淮河的滋养。

春秋战国之际,越国灭掉吴国后,于公元前472年,派范蠡到秦淮河南岸的长干里筑"越城",史家称之为南京建城史的开端,史学博士卢海鸣先生在《六朝都城》

秦淮河桨声灯影的迷人夜色

永水关旁的"十里泰淮"标志性建筑小品

东水关是十里秦淮的起点，所谓的十里秦淮便是闻名海内外的秦淮风光带

里称："（越城）是南京最古老的城。"公元前 333 年，
楚国在清凉山筑城，称作金陵邑，这是南京被称为金陵
的开始。相传楚威王听风水先生说"金陵有王气"，遂
埋金（青铜）以镇之。到了公元前 210 年，秦始皇来到
南京，再次听风水先生说"金陵有王气"，于是"断长
垄、泄王气"，他哪里会料到，泄了王气的南京，王气
反而更加旺盛。越、楚、秦之举，似乎为后来南京成为
帝王之都，做了"王气"上的铺垫。

到了 229 年，孙权由武昌（今湖北鄂州）迁都建
业（今南京），南京历史上果真出现了第一个王朝，此
乃十朝故都的肇始。接着，东晋和南朝的宋、齐、梁、
陈相继在此建都，秦淮河及其南京地界接连释放的"金

陵王气"，印证了当年楚威王和秦始皇的担忧。

六朝时，流经都城建业城外的秦淮河约有130米宽，这是秦淮河被称为小江的缘故。宽阔的河面，便于屯驻和训练水军，还可做军事屏障，在水运、水利和商贸方面也发挥着重要作用。秦淮河沿岸还设有栅障，故称"栅塘"。从今天的东水关至石头城一线，又建浮航（浮桥）24座，便于两岸通行，知名的有朱雀航、竹格航、骠骑航。浮航平时通行，遇有战事拆除，以防敌军攻入京城。经历隋唐以后，五代十国时期，杨吴权臣李昪于937年定都金陵，改称江宁府，建立南唐，南京再次成为我国东南政治、经济、文化中心。作为都城，此时的南京得到很大发展，特别是把城墙向南推移，将现在的门东、门

清代王翚绘制的《康熙南巡图》第十一卷画面：三山门外的横塘一带，自古是南京的繁华地区之一

西市井繁华的商业区、居民区一并扩进城内，又于城周开濠 25 里，后人叫作"杨吴城濠"，即现在的外秦淮河。1356 年，朱元璋攻占元朝的集庆路，改称应天府。1368 年，朱元璋定都南京，先后修建了宫城、皇城、京城外郭四重城垣，其中京城（内城）和外郭（外城）各有城门 13 座和 18 座。都城在规划上，依据山川形势，因地制宜，使得南京城的规模气势成为当时的世界之最。此后，再经过太平天国和中华民国，南京整整凑齐了十个王朝在此建都。屈指可数的是，除大明和民国两个全国性政权，其余八个皆是半壁江山。自孙吴建都以来近 1800 年的历程中，襟江带河的帝都南京，文化璀璨，威赫华夏，或气象豪迈，或扼腕悲情，但是千古不竭的秦淮河流向长江，融入大海，始终延续着中华民族汹涌澎湃的文脉。

秦淮河养育了世世代代的南京人，摄于民国时期

此处不妨借用南宋诗人文天祥《发建康》诗句，抒发历史沧桑之感慨："楼外梁时塔，城中秦氏河。江山如梦耳，天地奈愁何？"十代江山如

石头城下碧波荡漾的外秦淮河

梦，穿城流过的"秦氏河"，曾经承载过太沉重的中国历史。

在南京厚重的历史里，除了军事的杀伐、古都的城垣和明故宫遗迹，其中分量最沉重的，要算秦淮河里绽放的沉甸甸的浪花。而这些浪花所折射的哲学、宗教、文学、书画、音乐、饮食、民俗和建筑等灿烂的文化之光，至今还照耀在我们这座城市上空，抑或化作秦淮河的涓涓水滴，滋润着生活在南京这片土地上的人们。

今天的秦淮河，画舫凌波，桨声灯影。这画舫情味十足地、风风雅雅地从六朝那端漂泊过来，载着一船诗书、一船笙笛和一船歌吟，泊进现代生活的霓虹里，泊在21世纪人文绿都的柔波上……这就是南京古老文明的摇篮，这就是我们的母亲河！

越城长干

　　对于秦淮河边的长干里，今天的南京人应当有一颗敬畏之心，因为那片狭长的水边地带，曾经是南京城市母城的诞生地；对于越城里范蠡和西施的民间传说，今天的南京人应当有一颗敬慕之心，因为他们的爱情故事，无疑是南京城市的浪漫母本，为后世的秦淮河印下了温情脉脉的底色；对于越

二千五百年前，越城坐落在长干里地区，图为清代金陵四十八景之一的"长干故里"

范蠡雕塑

城作为母城的深远影响，我们今天的南京人也应当有一颗敬爱之心，因为那座小城童年时期的自然和人文基因，奠定了南京历史文化名城发展的最初基础。

周元王四年，也就是公元前 472 年，越王勾践卧薪尝胆灭掉吴国后，命谋士范蠡在现今的中华门外雨花路西侧的长干里筑城。长干里北临秦淮河，南倚雨花台，西靠长江，交通便利，山川险要，易守难攻。勾践谋划以越城为军事要塞，蓄集力量，以图争霸中原。在范蠡主持下，一座占地六万平方米，周长约二里八十步的城池很快建好了。这座具有军事意义的城池，也即越城。

越城刚刚竣工，范蠡就把西施接来了。西施来到

范蠡像（明人绘）

西施浣纱图（清代任伯年绘）

越城，一切都感到新鲜而美好。尤其是城池旁边弯弯的秦淮河，让她想起了自己童年的幸福时光：一个清纯的少女和许许多多的姑娘在诸暨溪边浣纱的情景……西施爱上了秦淮河。每天清早，她总要和范蠡来这儿泛舟，一个轻轻摇桨，一个款款梳妆。一次范蠡问她为什么不在家中打扮，西施抬起纤指，指着河水，说："你瞧，这里的河水太清澈了。如果以铜为镜，只能使人凭添忧愁；而以水为镜，才能叫人感觉到天然的美丽！"在此，范蠡和西施度过了他俩最美好的时光。

可是不久，越王派人送来一封信，大意是："如今霸业未竟，尚望不要沉醉于安逸生活……"范蠡读罢，一言未发。在一个没有月亮的夜晚，范蠡偕西施悄然离开越城，驾一叶扁舟划向远方。当他俩再次回眸时，熟悉的越城只见到一个模糊的轮廓了。据说范蠡和西施从此泛舟五湖去了。后来范蠡在给大夫文种写的信中吐露了心声："飞鸟尽，良弓藏；狡兔尽，走狗烹，越王为人长颈鸟喙，可以共患难，不可与共乐。子何不去？"

就这样，范蠡偕西施离开了越城，可他俩的爱情佳话，一直在秦淮一带流传着。民间传说虽不见正史，可是关于爱情的传播力量却是巨大的，以至于他们身后的秦淮河，成了"春花秋月何时了"的地方，成了一条充满情爱的河流，一条爱河。这爱河，即滥觞于遥远的越城。

越城，也叫越王城、越台、越王台和范蠡城，它是南京主城地区有确切年代可考的最早城池。宋代周应合《景定建康志》记载："周元王四年，范蠡佐越灭吴，欲图伯中国，立城于金陵，以强威势。" 张敦颐《六朝事迹编类》记载："今南门外有越台，与天禧寺相对。见作军寨处是也。"元代张铉《至正金陵新志》记载："今（南门外）江宁县廨后遗址犹存，俗呼为越台。"明代陈沂《金陵古今图考》记载："在今聚宝门外长干里，俗呼越台，即其址。"但也有少数文献认为，越城在今中华门西的瓦官寺南侧；不过大多方志和历代文人则以为，越城应在今中华门（南门）西南一带。

　　直至六朝时期，越城仍为南京之南的军事屏障，它与城西的石头城互为犄角，构成都城的防御要塞。东晋太宁二年（324）的王敦之乱、义熙六年（410）卢循和徐道覆袭击建康、齐永元三年（501）雍州刺史萧衍围攻建康等大小战事，都与越城有关。

　　越城周边的长干里，是南京最早发展起来的地区。自越城建好后，这里居民逐渐凑集起来，手工业、商贸业和水运业也不断兴旺，形成了南京最早的商贸集市，特别从六朝至 20 世纪 80 年代，中华门外的雨花路、扫帚巷、西街、小市口等地依然是城南商肆交易的重点区域，延续了南京 2000 多年的市井繁荣。

20 世纪 40 年代的十里秦淮，两岸居民在河边洗衣淘米

　　越城因为是南京母城，历史上文人大家多有吟咏。到了 589 年，隋军横扫六朝都城，越城随之毁圮。其后部分遗址犹存，只能作为文人们感时伤旧的怀古之地了。清代诗人陈文述

20 世纪 30 年代航拍的明城墙长干里地区

在他的《越城》一诗中，如此感叹朝代更迭里的历史兴亡："一样兴亡更可嗟，长干枯树噪啼鸦。越台争似苏台好，杨柳年年扫落花。"

金陵王气

　　中国人将"龙"奉为神灵，因为它是神话传说中的灵异瑞兽，更是封建社会里皇权的象征。恰恰秦淮河乳名叫做龙藏浦，意思说这河水里潜藏游龙，预示着秦淮河的命运注定和帝王有关。

　　历史上首位完成华夏大一统的始皇帝嬴政，为了考察军政、求神问仙、祭祀天地和宣德扬威，实现安宇天下目的，决定进行巡游全国。秦始皇三十七年（前210），也是最后一次出巡。他南至云梦，顺江而下，经丹阳（南京小丹阳）至钱塘（今浙江杭州）、会稽（今浙江绍兴），又从吴郡（今江苏苏州）回到金陵，然后北返。

　　却说在他驾崩前通往金陵的驰道上，飞奔着一支五彩璀璨的车队，共计九九八十一辆，庞大车队中央，奔

方山自古为平顶，远看像玉玺，故又称"天印山"

跑着一辆驷马御驾。车内坐着位威严的老人，头戴玉珠串成的帝冕，身穿龙袍，足登高头如意鞋。此人便是中国历史上第一位称作皇帝的封建君王——秦始皇。他手中握着一根裹金镶玉的马鞭，眼前高山耸立，峰峰相连。山峰之间霞光映照，祥云缭绕，仿佛有金龙狂舞，彩凤翱翔。不仅如此，他耳边还隐隐听到缥缈的仙乐，那远方的云朵随风飘逸，就像宫女舞动的裙裾。

秦始皇心想，王气只能出现在朕的咸阳城，秦氏的天下要万世永存，一顶青天岂容二龙齐飞？他立即叫来随行方士徐福，让他说说这方山的来历。徐福擅长望气，很会诠释山河形胜和社稷人事的关联。他赶忙回奏：这山上金光闪烁，紫气升腾，像是王气征兆。尤其是眼前

通往方山的高大牌坊

这方山，更像是上天所赐的玉玺。所以方山又称天印山。这里王气旺盛，想必五百年后会出天子，岂不动摇了秦家的万世不拔之基？

秦始皇听徐福所言，忙问有什么破除之法？徐福奏道：凿方山，断长垄，以泄金陵王气。听罢徐福的话，他离开御驾，挥动马鞭，大山被马鞭甩到空中，落在后来的石子岗，方山脚下露出一片开阔的地貌。秦始皇又令金陵百姓在方山下兴修水利，开挖河道，让东边源自句容、南边源自溧水的两条水系在此汇合，让龙藏浦流向长江，以便冲走王气，不让它回环在金陵的山川之间。

至此，秦始皇还不放心，离开时撂下一句话，把金陵改为秣陵。"秣"是牲口的饲料，这秣陵就是给牲口喂草料的地方。意思说，金陵这地方，只配给骒马喂草料。令秦始皇想不到的是，四五百年后的秣陵，还真的出了一个孙吴大帝，诞生了"十朝故都"的第一个王朝——孙吴。

《三国志·吴书·张纮传》引《江表传》曰："秣陵，楚威王所置，名为金陵，地势冈阜连石头。访问故老，云昔秦始皇东巡会稽经此县。望气者云，金陵地形有王者都邑之气，故掘断连冈，改名秣陵。"东汉末年高人张纮，就是用金陵有王气的故事，来劝说孙权定都南京的。

南朝梁、陈间的顾野王《舆地志》也载："秦始皇时，望气者云，江东有天子气。今方山硔山是其所断之处。淮水直流，经其下焉。"

到了唐代，许嵩的《建康实录》记载："秦始皇东巡，自江乘渡。望气者云，五百年后，金陵有天子气。因筑钟阜，断金陵长垄，以通流，至今呼为秦淮。"那时，人们根据传说淮水是由秦始皇开凿的，所以

秦始皇像

　　在明代《金陵图考》"秦秣陵县图"上,秦淮河由东向西从天印山(今方山)旁流过,蜿蜒流进长江之中

索性就叫做秦淮河了。不过后世有人说,因为秦始皇凿断长垄,泄了王气,后来在南京开国的王朝,才大多变成了短命王朝。传说因为此次临幸,使得龙藏浦的水系,高攀上秦的国号,才有了秦淮河的名字。又因为谁当了皇帝,都不希望再出现其他的"真龙天子",所以到后来,龙藏浦的名字反倒弃用了。诗人曾极有诗云:"凿断山根役万人,祖龙痴绝更东巡。石城几度更新主,赢得淮流尚姓秦。"

　　秦始皇雄才大略,被誉为"千古一帝"。他泄了金陵王气,可从他建立大秦王朝算起,才只有15年的国祚。更令秦始皇想不到的是,在他赐名的"秣陵"这地方,竟然会有十个朝代在此建都！

　　然而，清人甘熙在《白下琐言》里却说：金陵自东而西、自南而北的诸山和冈脊，乃是金陵正脉。多年以来，白云峰的龙泉庵及东山、犁头山、腹空山、龙口、小茅山等处，造窑烧灰，开山凿石，伤残地脉，致使金陵文庙、官衙多有灾变，民房常遭火患，经济民物不兴。此种说法似有一定道理，褪去了金陵王气传说的色彩。

　　所谓金陵王气，乃是"天子气""王者都邑之气"。《太平御览》引《金陵图》曰："昔楚威王见此有王气，因埋金以镇之，故曰金陵。秦并天下，望气者言江东有天子气，凿地断连冈，因改金陵为秣陵。"任你"凿地断连岗"也好，"改金陵为秣陵"也罢，自孙吴至隋的 300 余年间，六个朝代相继建都，证明金陵王气还是十分旺盛的。

　　六朝时期，一方面是我国文化灿烂的时代，同时除东晋政权持续

吴主孙权像（清人绘）

南京市城邑变迁图

从《南京市城邑变迁图》可以看出"金陵帝王都"的城邑变迁

103 年外，其余朝代维系时间都不太长。故而漂浮于六朝都城上空的"金陵王气"，成了一个特有的政治名词、历史名词，具有丰富的文化意蕴，还带些悲情色彩。这"金陵王气"，又幻化成后人复杂的诗歌意象，是赞美？是哀叹？是酸楚？不一定说得清楚。尤其到晚唐时期，此类情绪表达尤为明显。诗人刘禹锡《西塞山怀古》便是最突出的代表作："王浚楼船下益州，金陵王气黯然收。千寻铁锁沉江底，一片降幡出石头。"诗里说，晋武帝司马炎命王浚率领战船从益州出发，东吴的王气便黯然消逝。千丈长的铁链沉入江底，也阻挡不住王浚之师，可怜亡国之君孙皓的一片降旗，已经挂在了石头城上。诗歌写出了西晋灭吴的史实，苍凉而沉郁。此类诗

夜色里的秦淮河泮池流光溢彩

作怀古伤今，把六朝的金陵王气写得似乎缺了点阳刚。

其实南京这座城市，是一个能够在中华民族危亡之际，在中华民族大历史、大时代的关键时刻，挺身而出，登高一呼的城市。它饱经战乱、苦难、磨难，它秉持仁爱、宽厚、包容，它崇尚自然、文化、创造，它更信奉抗争、崛起、和平。这就是金陵王气所散发出来的、多彩的城市禀赋，也是被这座城市所熏陶出来的市民品格。

周处读书台

　　自古有"励志发愤""改过自新""改邪归正"等成语典故，说的都是同一个人、同一件事，即西晋人周处改过的事迹。这个在我国古代影响广泛的励志故事，还与秦淮的老门东直接相关呢。

　　周处（236—297）西晋人，字子隐，原住江苏宜兴。童年时父亲就去世了，他是由寡母抚养大的。周处从小不爱读书，经常带着一群好吃懒做的少年，打架滋事，街坊邻居都躲着他。

　　相传，那时东海有条蛟龙，经常兴风作浪，掀翻渔船；南山有一只猛虎，三天两头出来吃人。

周处像

陆机（左）、陆云（右）像（清人绘）

官府想尽办法，杀不了蛟龙，捕不到猛虎。当地百姓就把蛟龙、猛虎和周处并称"三害"。

后来，周处悔悟了，决心痛改前非，重新做人。听说住在秣陵（今南京）的文学家陆机、陆云有大学问，便从老家来到秦淮河畔，向二位老师诉说了自己的过去，以及今后努力发愤的决心。陆机、陆云是文坛大家，见周处如此诚心改过，当即收下这个学生。周处通过刻苦学习，有了文化，懂得了做人做事的道理，后来学有所成，在东吴做官，当了东观左丞。吴亡归晋，任新平太守，又迁御史中丞。

《晋书》记载了当了大将军的周处抵御外敌、以少战多的英雄气概：

齐万年屯梁山，有众七万，夏侯骏逼处以五千兵击之。乃攻万年于六陌。处军未食，梁王肜促令速战，而绝其后继，处知必败，赋诗云云：去去世事已，策马观西戎。藜藿甘梁黍，期之克令终。

　　公元297年冬,西北少数民族氐族反叛首领齐万年,
屯兵七万于梁山(位于今陕西境内),晋朝征西大将军
司马肜、安西将军夏侯骏,逼迫建威将军周处,以五千
之兵发动进攻。周处抗议:我军没有后援,士兵又没有
饭吃,必然失败。司马肜不听,周处知败无疑,却奋勇
杀敌,终于弓矢尽绝,战死沙场。

　　周处临死前在战场上留下的诗歌尤为悲壮,颇有荆
柯刺秦王式的壮美:"走吧,走吧,世上的事已经过去
了,就骑上战马,去看看西戎外族吧。我甘心把充饥的
野菜当作美食,只希望自己能坚持到最后一刻啊。"

　　明知寡不敌众,仍然义无返顾,慷慨赴死,率五千
人马去战七万强敌,最终壮烈殉国。周处之举,令人感
佩!清末民初方志家陈作霖在《东城志略》"志山"里

《周处改过》(诸辛耕绘)

周处读书台位于赤石矶处（清版画）

写道："冈脊又周孝侯处读书台，正气浩然，高山并峙。台下为古柏庵，林木名节，辉映千古。"这里说赤石矶冈脊上的周处台"正气浩然"，并且"辉映千古"，正是对周处为国赴难精神的褒扬。

周处一生，最令后人难忘的有两点：一是浪子回头金不换，改过自新；二是为国捐躯不计私，轰轰烈烈。秦淮人对周处十分崇敬，为纪念他，就把他曾经读书的地方，建台祭祀，勉励后人。

南朝宋刘义庆编著的《世说新语·自新十五》，记载了周处除三害后励志改过的事情。明代顾起元《客座赘语》记载："周孝侯读书台在武定桥东，蟒蛇仓后。"

周处台门头

顾启元家住秦淮，是著名的南京文史学者，他对周处台方位说得十分准确。清代余宾硕《金陵览胜》记得更细："台高楼层巅，下俯赤石矶，左带芳阁高林，秀木翘楚竞茂；右凭南岗，丹崖霞驳……" 此段文字，将周处台具体环境描写得更是具体。

周处台位于老门东的东侧，这里是周处当年读书之处，据说也是他担任东观左丞时的堂宅，又曰"子隐堂"。民国时周处台享堂内，曾悬挂周处画像，并奉有"晋散骑常侍平西将军周孝侯讳处字子隐之位"的牌位。今天的周处台遗址，尚存四五百平方米，已成为南京市文物保护单位。

　　历史上的周处读书台，还是南京的名胜，历代诗人多有吟咏。清初余怀在《咏怀古迹·周处台》中写道：

　　　　孝侯风烈高千古，只手斩蛟复斩虎。
　　　　吁嗟孝侯义兴人，金陵荒台无冬春。

　　诗中称赞周处台虽然荒芜，但他幡然悔悟、忠烈报国的精神，却是千古传颂。

　　清代诗人杜诏在《周处读书台》诗中写道：

　　　　台废尚遗址，荒荒宿草中。
　　　　在朝能独立，致命见孤忠。
　　　　始信读书效，因高立战功。
　　　　斩蛟与射虎，未足号英雄。

　　诗里说，周处虽然斩了蛟，射了虎，但也不能称为英雄；倒是他改过后坚信读书，好学上进，当上了将军，为国立过战功。难得的是他入仕后，刚直不阿，凡有纠劾，不避权贵，是一个清官、好官。周处战死沙场后，朝廷追赠他平西将军，谥"孝"，故称周孝侯。

梅花三弄

查看民国南京老地图，桃叶渡旁有个"邀笛步"的古地名。顾名思义，这里曾是邀请某人，停下脚步，吹奏竹笛的地方。它位于青溪和秦淮河汇合的不远处。只因为它与梅花有关，与笛子有关，与名人有关，从此以后，邀笛步的梅花便年年盛开在中国人的心目中，邀笛步也不知风雅了多少个世纪！

桓伊像（元人绘）

却说东晋的时候，秦淮出了一个很有名气的音乐家，名叫桓伊。他的府邸就在桃叶渡不远处的青溪岸边。桓伊虽然在淝水大战中立下战功，可是很少有人看中他的武略。对桓伊感兴趣的，倒是他的音乐天赋。

冬春之际，桓伊每天路过青溪和秦淮河边。一路上暗香浮动，清雅袭人，梅花的香气沁入肺腑。这感觉激发了桓伊的创作灵感。一年又一年过去了，桓伊终于写出他一生中最独特的笛曲《三调弄》。

这支曲子传播很广，被唐代知名琴家颜师古改编为琴曲，成了我国古代十大名曲之一的《梅花三弄》。此曲歌颂梅花不畏严寒、迎风斗雪的顽强品格，以此来赞美文人士大夫的高尚情操。

琴曲《梅花三弄》又名《梅花引》《梅花曲》，是古典乐曲中表现梅花的极品之作。曲中泛音曲调在不同徽位上重复三次，所以称为"三弄"。

据传桓伊有一支名笛叫柯亭笛，是东汉时大学者蔡

《梅花三弄》图（诸辛耕绘）

邕传下来的。他每天在家中用柯亭笛吹奏《三调弄》，似乎那片梅林总是在桓伊的笛音里花开花落。他所表达的，是怎样的一种内心感悟呢？

在桓伊的心灵深处，《三调弄》原来描写的是梅花结蕾、绽放和凋谢的三个过程：第一个过程，表现的是片片雪花飘落，惊醒了秦淮河畔沉睡中的梅花。拂晓时分，朔风凛冽，天寒地冻。桓伊来到河边，看见枝头梅花含苞欲放，像是万木萧疏中睁开的眼睛，又似白茫茫大地上露出的笑靥，他心里不由得充满了喜悦；第二个过程，表现梅花开到极盛，虬枝老干，疏影横斜，冰清玉洁，仪态万千。桓伊仿佛嗅到了阵阵暗香；第三个过程，表现笛子发出滚动的音浪，在汹涌的春潮里，梅花落英缤纷，碾作尘土，完成了报春的使命。三个过程就像三个层次，层层递进，环环相扣，音近意远，在回环往复里，传达出花开花谢的情景、冬去春来的讯息，表现了桓伊以梅花的坚强与高洁自喻，处境越艰难，越要像梅花一样坚持操守。

《三调弄》的旋律，轻而不浮，厉而不躁，缓而不驰，疾而不促，一唱三叹，冲润致远，桓伊和梅花已然"物我一体"了。用现在的话说，就是人与自然已经达到和谐统一的境界了。

那么，笛王桓伊的故事是怎样流传开来的呢？说到王徽之邀桓伊吹笛的故事发生在桃叶渡旁的秦淮河边，此地后被叫作"邀笛步"

桓伊吹笛，还要讲到另一个名人——王徽之。

有一天，家住乌衣巷的王徽之（338—386）出门，在桃叶渡巧遇桓伊。仆人禀告王徽之，岸上的那人就是桓伊大人。王徽之问仆人，是不是那个善吹《三调弄》的桓伊？仆人称是。王徽之便吩咐，快去请他

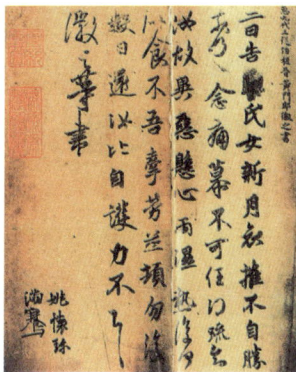

王徽之书法作品，唐摹本。此帖以行楷为主，挥洒自如，笔法多变，妍美流畅

吹奏一曲。这时桓伊正要上轿，仆人飞也似的下船，跑去请求：我家王徽之大人想请您吹奏一曲，不知是否可以？桓伊一愣，随即抽出柯亭笛，坐在渡口，吹起《三调弄》。此刻的渡口，只闻得笛声悠扬，在场的人们陶醉了，都在屏气凝神地听着。奏毕，桓伊和王徽之一句话也没说，就各自离去，这就是六朝时的君子之交啊！

桓伊的笛韵迷倒了王徽之。有一天，王徽之去请教谢安，桓伊的笛声为什么那样动听？谢安脱口答道，因为笛声中寄托了桓伊的一往情深啊！从此"一往情深"的成语从桃叶渡传向四方，"梅花三弄"典故正是出自于此。

桃叶渡之魅

　　桃叶渡是一个有着一千六七百年历史的古渡，位于南京秦淮河与青溪交汇处，就是现今淮青桥西南、沿秦淮河一带，它以前的名字叫南浦渡。此渡自东晋以来，闻名遐迩，令人神往。它不仅景色优美，而且有着经久不衰的美丽传说。

　　桃花年年盛开。这里是古城南京最有情调、最有风雅和花期最长的所在！

　　桃叶渡因桃叶而得名，许多古代文学、音乐、方志类书籍及无数诗词便可印证。最早记载《桃叶歌》的，是南朝梁代徐陵编成的《玉台新咏》一书。到了陈代，和尚释智匠成书于陈后主光大二年（568）的《古今乐录》，是继《玉台新咏》后记载《桃叶歌》比较全的文献，其中有三首歌辞：

清代金陵四十八景之一的"桃渡临流"

（一）

桃叶复桃叶，渡江不用楫。

但渡无所苦，我自迎接汝。

（二）

桃叶复桃叶，桃叶连桃根。

相怜两乐事，独使我殷勤。

（三）

桃叶映红花，无风自婀娜。

春花映何限，感郎独采我。

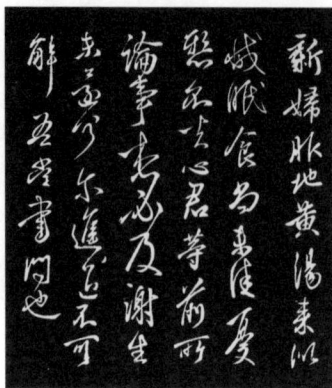

王献之《地黄汤贴》宋拓本

《桃叶歌》作者为王献之，而与此相对应的《团扇歌》（《答王团扇歌》），在长期流传中比较完整的有四首。

《玉台新咏》有桃叶《答王团扇歌》三首（前三），还收录《团扇郎》一首（第四）：

（一）

七宝画团扇，粲烂明月光。
与郎却暄暑，相忆莫相忘。

（二）

青青林中竹，可作白团扇。
动摇郎玉手，因风托方便。

（三）

团扇复团扇，持许自障面。
憔悴无复理，羞与郎相见。

（四）

手中白团扇，净如秋团月。
清风任动生，娇声任意发。

民歌《桃叶歌》和《团扇郎》，记载了东晋王献之曾在南浦渡迎接爱妾桃叶的故事。他俩的爱情故事，后来在民间家喻户晓，于是在不知不觉中南浦渡被叫作桃叶渡了。

那么，桃叶渡位于何处呢？宋代张敦颐《六朝事迹编类》"江河门·桃叶渡"记载：

《图经》云，在县南一里秦淮口。桃叶者，晋王献之爱妾名也。其妹曰桃根。献之诗曰："桃叶复桃叶，渡江不用楫。但渡无所苦，我自迎接汝。"不用楫者，谓横波急也，尝临此渡，歌送之。杨修有诗云："桃叶桃根柳岸头，献之才调颇风流。相看不语横波急，艇子翻成送莫愁。"

《图经》是唐五代的方志文献，现已经亡佚，但南宋时期尚存世。此时距东晋已有500多年，应是比较可信的。"县南一

桃叶渡江图

里秦淮口"，说得非常明白，其地在清溪与秦淮河汇合处是毋庸置疑的。

宋代祝穆《方舆胜览》"卷十四·江东路建康府"记载：

桃叶渡，一名南浦渡。《金陵览古》："在秦淮口。"桃叶者，晋王献之爱妾名也。献之诗云："桃叶复桃叶，渡江不用楫。但渡无所苦，我自迎接汝。"渡不用楫者，谓横波急也，献之歌此送之。曾景建："裙腰芳草抱长堤，南浦年年怨别离。水送横波山敛翠，一如桃叶渡江时。"

元代张铉《至大金陵新志》"卷四下"记载：

桃叶渡，在秦淮口。桃叶本王献之爱妾名，其妹曰桃根。献之诗曰："桃叶复桃叶，渡江不用楫。"谓横波急也，遂歌以送之。此渡因名。

夫子庙东边的桃叶渡，在东晋时候就是风俗浓郁、风情别样的地方。那时的三月三，又称上巳节。此节起源于远古的被禊之礼。节日期间，豪门士族和平民百姓，纷纷来到秦淮河与青溪岸边，祈福消灾，继而三月三逐渐演变为水边悠游活动，再后来成为青年男女踏青游乐的春游。他们在桃花绿水之间结伴戏水，踏歌寻春，表达爱意。桃叶和王献之故事，就萌发在这样一个人文环境里。

从此，温情脉脉的桃叶渡，成了与南京都市慢生活紧密相连的人文雅境：

其一，桃叶渡变成了"人约黄昏后"的芳馨之园。由于桃叶和王献之的影响，桃叶渡已然成为名副其实的爱情代名词。在世世代代年轻人心目中，桃叶渡是他们喜爱去的所在，年年群芳怒放的桃叶渡，仿佛是永不凋谢的爱情伊甸园。清人赵国华用"美人桃叶渡，名士木兰舟"两句诗，形象地概括了古时候美人、名士艳遇桃叶渡的佳话。

其二，桃叶渡变成了秦淮风韵的经典之景。阳春三月，桃红柳绿，桃叶渡石坊耸立于桃树之间。岸边游人如织，水上画舫凌波，人们每每经此，不禁叹道：那就是鼎鼎有名的桃叶渡。明清时期，"桃渡临流"先后被

温婉的桃叶渡闲品廊

列入"金陵十八景""金陵四十景"和"金陵四十八景"之一。桃叶渡的魅力，不仅在于景色秀丽，而更在于景中寓情，情更迷人。

其三，桃叶渡变成了文人骚客的吟诵之地。自桃叶与王献之的故事流传坊间，历代数不清的大诗人、大词人、大名人纷至沓来，苏轼、辛弃疾、姜夔、汤显祖、钱谦益、顾炎武、纳兰性德、郑燮、吴敬梓、曹雪芹、乾隆帝等无数文人大家和帝王，纷纷来此寻找桃叶芳踪，并以桃叶渡为题，写下流芳百世的佳作。千秋之下，渡头桃花在诗人们的诗句里盛开，一年比一年开得香艳。

其四，桃叶渡变成了心灵休憩的世外之境。芸芸众生，红尘喧嚣，内心静谧，去哪寻觅？当那月色迷蒙之时，抑或细雨霏霏之际，人们可以漫步，也可稍坐；可以独自品茗，也可对饮小酌；可以享受"盈盈一水间"的淡雅，也可领略"佳茗如佳人"的逸趣。正所谓一啜一饮，一酬一和，浓淡由己。在这样的氛围里，再静下心来，烹一壶六朝气韵，实在是一件风雅的事情。

桃叶渡是多情的，他的多情又是诗意的。一朵朵红唇般的桃花，总会生发出人们浪漫的遐想；一片片桃叶似的兰舟，总能勾起人们夜泊的欲望。东晋以后，桃叶渡好像蕴藏着巨大的磁场，吸引着人们纷至沓来，挥洒才情，激扬诗句，或吟之，或歌之，或叹之……

画龙点睛

六朝是我国文学艺术的一大高原，而书画艺术又是这座高原上的一大高峰。那时与秦淮有关的书法名家，有皇象、张昭、谢道韫、郗鉴、王羲之、王献之等人；与秦淮有关的绘画名家，有曹不兴、戴逵、陆探微、王微、谢赫、张僧繇等人。其中王羲之被誉为书法史上的"书圣"，顾恺之被誉为绘画

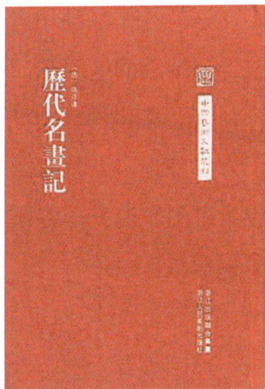

张彦远的《历代名画记》中，记录了张僧繇画龙点睛的故事

史上的"画祖"，张僧繇被誉为佛像壁画史上的"张家样"。由于张僧繇绘画对后世影响极大，后人将他与顾恺之、陆探微并列为六朝三大家。唐人张彦远《历代名

张僧繇《五星二十八宿神形图》局部

画记·张僧繇》记载：张僧繇于金陵安乐寺，画四龙于壁，不点睛。每曰："点之即飞去。"人以为诞，因点其一。须臾，雷电破壁，一龙乘云上天，未点睛者皆在。

这就是张僧繇"画龙点睛"的传说，故事发生地就在当今秦淮的老门东。

南朝梁代佛教十分兴盛，整个建康城（南京）兴建了许多佛寺，寺院落成后，往往聘请名画家绘制壁画。位于老门东的安乐寺刚建好，住持慧远就托人去请大画家张僧繇。

张僧繇何许人也？他就是南朝萧梁时期的丹青妙手。他画佛教人物，惟妙惟肖，形神飘逸；画起动物，也是独具慧眼，神采飞扬。当时看过他画作的人，无不被他神奇的画技所折服。

一天，有位友人找上门来，说是受安乐寺住持慧远之托，欲请他定个日子前去作画。张僧繇名气虽大，但对知己朋友从不摆架子，更不讲润笔。他立刻便同好友

张僧繇《五星二十八宿神形图》局部

来到安乐寺。慧远连忙引进禅房，沏茶款待。张僧繇呷了口清茶，便问画什么内容，慧远说："当今太平盛世，物华天宝，人杰地灵，最好能为敝寺画一幅'云龙游天'的壁画，以示龙游长天，恩泽大地。"张僧繇随慧远来到一面宽阔的墙壁前，一会儿工夫他就画好了。只见四条龙摇头摆尾，鳞片闪光，栩栩如生，在场的人个个叫绝。

　　张僧繇为安乐寺画龙的消息一传十、十传百，数日内观者如云，竞相一睹为快。有人看得非常仔细，发现全是无眼之龙。这话又一传十、十传百，很快又传扬开了。慧远和尚心想：你张僧繇不画便罢了，原来画的竟然是几条无眼之龙，这岂不是戏弄于我？他忍声吞气，决定再请张僧繇补上龙眼。

　　这天，张僧繇在家中用膳，那位朋友又受慧远之托，来请他补画眼睛，并把满城风雨的传言说了一遍。 张僧繇很认真告诉他，眼睛是万万不能补的，如果画上眼睛，那几条龙就会飞到天上去了。

那位朋友转告了寺里。和尚们听了，疑疑惑惑，不知是真是假。恰在这时，邻近几个寺的当家和尚闻风而来，看了壁画，一齐向慧远恭贺：贵寺得到了目光炯炯的四条龙，真是可喜可贺啊！一听此言，就知道含有讥笑的意味。慧远只好把为什么不能画眼睛的奥妙，向他们作了解释，可是越解释越说不清楚。

不得已，住持亲自登门，说了一箩筐恭维话。意思是，您为敝寺画的云龙游天，简直是呼之欲出，无与伦比，不愧为当朝大画家。然后话锋一转说道，如果再画上眼睛，那真是锦上添花了。

张僧繇坚持说不能画，一画即飞。慧远见说好话不奏效，用起激将法。他对张僧繇说，不少人评价您画的龙，是形似神无，形活神死，关键之处，就是不擅长画龙眼！

这可不像话！张僧繇是个爱惜自己名声的人，当即表示，翌日上午一定去。

住持立即在庙门旁贴出告示，告诉人们明天大画家要来补画龙眼。第二天果然来了许多看热闹的人，把偌大的安乐寺挤得水泄不通。这些人顶着大太阳，等了一上午，连张僧繇的影子都没见到。有的人等得不耐烦了，就向寺外走去，这时只见一中年男子双手拢在身后，气宇轩昂地走进山门。认得他的人叫道，"来了，来了，大画家来了。"人群中自然地让出一条小道。张僧繇径直走到壁画前，举起画笔，然而顷刻又将画笔放在笔架上，转身对住持说，只要一点上眼睛，墙壁上的几条龙就会飞上天空。要是不画，现在还来得及。近几天，慧远被几条无眼龙搅得心神不宁，尤其是邻近寺庙的同道也来讽刺挖苦，慧远想想真窝囊，随即将画笔递到张僧繇手中，指着人群说：大家等你画上龙眼哩！

　　已是晌午时分，红日当空，白云飘动。当张僧繇再次手握画笔时，所有的人都凝神屏息，一双双眼睛全盯在四条龙的眼眶上。面对众人的期待，张僧繇将笔饱蘸

《画龙点睛》（诸辛耕绘）

老门东自古佛教兴盛，南朝的安乐寺就坐落于此

墨色，舔了舔笔锋，往第一条龙的眼窝轻轻一点，一笔下去，顿时天空乌云翻滚，那云头一层层压过来，那狂风一阵阵刮过来，那暴雨一盆盆倒下来，还没等人们反应过来是怎么回事，被点了眼睛的那条龙破壁而出，腾飞而起，乘着风威雨势瞬间消失在翻江倒海般的天宇中。

张僧繇正要给第二条龙点睛，慧远一声高喊：不要点啦，不要点啦！说时迟，那时快，他一把夺下张僧繇的画笔，忽然间，云散天开，再一看，那三条没有点眼睛的龙还在墙壁上。众人见此，一片惊愕，赞叹不已，个个都说张僧繇是神来之笔。

后来，"画龙点睛"的故事成了民间美谈，更成了人人熟知的成语。用它来比喻说话或做文章，在筋节处用上一两句精辟的语言，来点明要旨，突出关键，便会更有力度。

凤凰台追星族

南朝刘宋皇帝刘义隆加强吏治，实行劝学、兴农、招贤等一系列治国举措，使得社会生产有所发展，百姓得以休养生息，出现了20多年"元嘉之治"的繁荣景象。

盛世自有祥瑞。元嘉十四年（437），有两只大鸟从北方飞到秦淮河边的花露岗，现在的花露岗在南朝时叫永昌里。这里高岗凸起，绿树成荫，绿丛中散落着稀稀疏疏的人家。大鸟在天上盘旋几圈，栖息在一棵梧桐树上。梧桐树又高又大，两只大鸟引颈和鸣，叫唤声非常动听，吸引了周边许多人前来观看。

那两只鸟一边鸣叫，一边跳舞，身上的羽毛扑闪着五彩之光。人们再细看：鸡头、燕额、蛇颈、龟背、鱼尾。世上所有鸟儿的美丽，都集中在它的身上。引颈观望的人，看得不想走了。倏然，天空一下子暗了下来。

金陵凤凰台原址不远处的《登金陵凤凰台》浮雕

人们再抬头一看，只见成千上万只小鸟，正在永昌里的天空飞来飞去，快把太阳遮住了！

忽然有人惊叫一声，那不就是凤凰吗？众人一起跟着高喊："凤凰，凤凰！"

也许是喊声太大了，也许是来的人太多了，惊动了凤凰。两只凤凰张开双翅，向着南方飞去，群鸟也扑闪着翅膀，黑压压的跟随而去，树荫下所有的人也跟着凤凰跑去。

看见凤凰的人们奔走相告。消息传到刺史王义康那里，他认为这是吉祥之兆，就将凤凰来过的永昌里改名凤凰里；还利用凤凰栖落的山岗，修了一座高台，名曰凤凰台；后来又在台上建了高楼，名曰凤凰楼。

关于凤凰造访永昌里一事，南朝沈约的《宋书》，唐代许嵩的《建康实录》，北宋张敦颐的《六朝事迹编类》，南宋马光祖修、周应合撰的《景定建康志》和祝穆《方舆胜览》等史籍都有记述。

到了唐代，大诗人李白（701—762）来到凤凰台，因为他写了一首诗，从此凤凰台便"一诗天下闻"。据考证，李白一生七到南京，仅写秦淮的诗歌就多达五六十首，其中知名的诗作有《登金陵凤凰台》《金陵凤凰台置酒》《长干行》《登瓦官阁》《金陵酒肆留别》和《金陵城西楼月下吟》等。这些诗尽管有乐府、歌吟、赠诗、寄诗、别诗、酬答、闲适、闺情等类别，但是《登金陵凤凰台》的登览怀古之诗，以其旷达高远与略带黯淡色彩的放歌，成为独步中国诗坛的凤凰咏叹调。

李白年轻时仗剑去国，辞亲远游，去过黄鹤楼。他凭栏放眼，俯瞰浩浩东逝的江水，心潮澎湃，诗兴大发，想好好抒发一下"四方之志"。可是当他提笔准备写诗时，才发现黄鹤楼

金陵四十八景之一的"凤凰三山"

墙壁上早已有人写了一首诗,那落款便是著名诗人崔颢。李白把诗从头到尾读了一遍:

> 昔人已乘黄鹤去,此地空余黄鹤楼。
>
> 黄鹤一去不复返,白云千载空悠悠。
>
> 晴川历历汉阳树,芳草萋萋鹦鹉洲。
>
> 日暮乡关何处是,烟波江上使人愁。

李白读完,打心里钦佩,觉得崔颢不愧是当世大诗人!沉吟片刻,便挥毫在那首诗旁写上两句:"眼前有景道不得,崔颢题诗在上头。"

多少年后,李白来到长江下游的南京,来到秦淮河边,登上高耸的凤凰台。他想,这高台正是自己多年以来所要寻找的佳处,因此很有当年黄鹤楼诗情喷涌的冲动。眺望眼前的大江,白浪滔天,云彩蔽日,李白顿时诗情勃发,信口吟哦:

> 凤凰台上凤凰游,凤去台空江自流。
>
> 吴宫花草埋幽径,晋代衣冠成古丘。
>
> 三山半落青天外,二水中分白鹭洲。
>
> 总为浮云能蔽日,长安不见使人愁。

　　李白这首《登金陵凤凰台》，是用崔颢《黄鹤楼》的韵脚写成的，可见李白记忆力很强，若干年前去武汉江边登临，白去了一趟，诗没写成，可是他始终没有忘记这件事，也没有忘记崔颢的七律《黄鹤楼》。在《登金陵凤凰台》的意境里，李白想到三国孙吴的"吴宫花草"、东晋的"晋代衣冠"，看到淡远的"三山"、浩渺的"二水"，又联想到自己抱负难酬，不由得借古论今，感慨万千！全诗起承转合，层层推进，回荡着浑厚忧郁之气，而且以气夺人，浩然大气。

　　李白真不愧"谪仙人"和"诗仙"的桂冠。

　　后人认为，《登金陵凤凰台》的诗思气魄和思想深度远在崔颢之上。李白这首诗，不仅弥补了他在黄鹤楼无作而返的遗憾，而且使得凤凰台名满天下，成了凤凰台最有影响的宣传广告。

　　李白乃是继屈原之后浪漫主义诗人的巅峰。他的诗歌不是天上仙人，怎能写得出来？当代社会盛行追星，有追星族之说。其实追星之举，古时候就非常盛行。李白同时代和后世的许多诗词大家、文化名人，乃至帝王将相，许多都是李白的追星族。他们读了李白的《登金陵凤凰台》，纷纷追寻他的足迹，也要到南京登览凤凰台，来了没有不赋诗的。

　　仅两宋 300 多年间，尤其是"靖康之变"的时候，

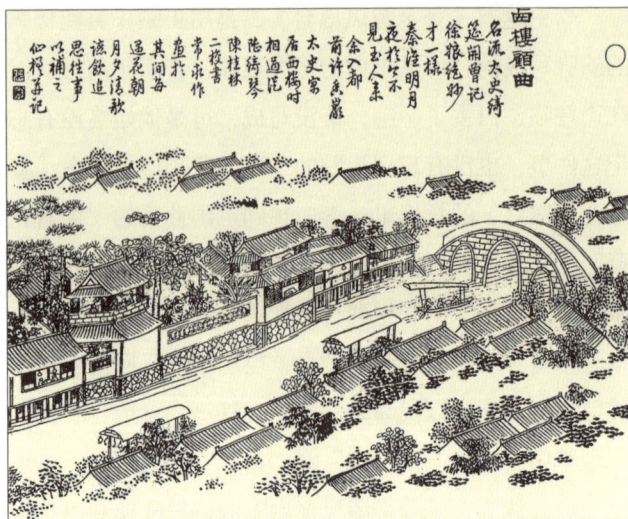

在李白之后许多文人纷纷到秦淮河边寻踪访古，图为"西楼顾曲"版画

北宋灭亡，宋高宗南渡，苟安江南半壁江山的南宋；而众多诗人词家来到南宋陪都建康（南京）。他们凭吊六朝故迹，壮怀激烈，发出了反对投降、极力主张反攻复国的爱国之音。凤凰台及凤台山西北的赏心亭，成了他们慷慨激越，以诗词抒发爱国情怀的制高点。先后登上凤凰台写诗赋词的大文人有：周邦彦、李纲、刘过、杨万里、戴复古、刘克庄、吴渊、李曾伯、朱存、刘榘、任斯庵、倪垕、吴景伯、郭祥正、马野亭、刘一止等，以及元明清三朝的文人大家，诸如萨都剌、白朴、顾起元、焦竑、王世贞、余怀、孔尚任、吴敬梓等闪亮中国

文坛的人物。

　　乾隆皇帝读过李白凤凰台诗，佩服得五体投地。他在南巡时，也登上了凤凰台，写了一首七绝《凤凰台》：

　　　　大鸟元嘉集秣陵，至今台以凤凰称。
　　　　青莲豪气三千丈，七字谁当继韵能？

　　乾隆皇帝称赞李白的诗天下无人再能写出来。这样的评价是准确的。从中可以看出，乾隆皇帝对诗歌有着很高的鉴赏力。

　　自李白之后，凤凰台周边以"凤凰"二字命名的，就有凤台山、凤台坊、凤凰井、凤游寺、来凤街等地名。这也许是另一种形式的追"星"吧？

乾隆帝南巡时也不忘歌咏金陵名胜凤凰台（清人绘）

栏杆拍遍赏心亭

　　十里秦淮末端的外秦淮河边，矗立着一座伟岸的亭阁，那就是中国历史上的名亭——赏心亭。它曾经与黄鹤楼、岳阳楼和滕王阁一样闻名天下。

　　走近赏心亭，一副副楹联挂在亭柱上，让人沉浸在壮怀激愤的氛围之中：

　　万里江山来醉眼；九秋天地入吟魂。（王珏）

　　千古词章悬日月；一怀忧愤砺山河。（金立安）

　　琼楼拔地映淮水；壮士凭栏叩楚天。（袁裕陵）

　　亭前壮景千秋史；笔底惊雷万古词。（曹福华）

　　岁月回还，问英雄安在？栏杆拍遍，看我辈重来！（舒贵生）

赏心亭屹立在十里秦淮与外秦淮河汇合处，尚有"吴都胜概"的气势

辛弃疾像

　　这些古今诗人撰写的联句，把人带入那个国破山河在、登高而忧国的南宋时期。

　　那时，从凤台山至水西门一带面对江洲，下临秦淮，视野开阔，极目楚天，历来是登临吟咏的佳处。赏心亭是宋代南京城西的一个亭子，曾有"金陵第一胜概"之美誉，王安石、陆游等一大批官宦文人先后登览抒怀，辛弃疾更是三登三唱，尤以《水龙吟·登建康赏心亭》的词作最为知名，成为浩瀚词海里的优秀之作：

　　楚天千里清秋，水随天去秋无际。遥岑远目，献愁供恨，玉簪螺髻。落日楼头，断鸿声里，江南游子。把吴钩看了，阑干拍遍，无人会，登临意。

　　休说鲈鱼堪脍，尽西风，季鹰归未？求田问舍，怕应羞见，刘郎才气。可惜流年，忧愁风雨，树犹如此！倩何人、唤取红巾翠袖，揾英雄泪？

　　辛弃疾（1140—1207）是南宋大词人。21岁举兵抗金，翌年以50骑人马勇闯敌阵，生擒叛徒张安国南归，这是何等的英雄壮举！可是南归后，一直未受重用。他一生力主抗金。曾上《美芹十论》等策论，建言抗金策略，不被采纳。此词或作于乾道六年（1172），他在建康府（今南京）通判任上。

此词上阕开头，词人站在赏心亭上放眼望去，无际楚天与滚滚长江浑然一体，境界大开，不禁触发了家国之痛和乡关之愁。下阕用三个典故，抒发了自己进不能、退不愿，不苟且、不可忍，但又只得叹惜流年像秦淮河水一样白白地流逝的复杂而痛苦的心情。全词直抒了自己以天下为己任的抱负，然而只能空怀壮志，报国无门，不由得黯然流下英雄热泪，表现了辛弃疾沉郁炽烈的爱国情怀。

赏心亭因历史上许多大文人、大名人登临吟诵而彪炳青史。那么，赏心亭乃何人建造？位于何处？它又有着怎样的历史背景和深远的人文影响呢？

历史上南京多种方志、杂记一言以蔽之曰：赏心亭为北宋丁谓所建。宋代张敦颐的《六朝事迹编类》记载："丁晋公谓所建也……"；宋代《湘山野录》《苕溪渔隐丛话》和《金陵事迹》也说："丁晋公镇金陵，重建赏心亭。"元代张铉《至正金陵新志》记道："赏心亭在下水门之城上，下临秦淮，尽观览之胜，丁晋公谓建。景定元年亭毁，马光祖重建。"明万历《应天府志》记道："赏心亭在下水门城上，下临秦淮，尽观览之胜，丁谓建。"丁谓（966—1037），字谓之，江苏长洲县（今江苏苏州）人。曾任参知政事、枢密使、同中书门下平章事（正相），前后共在相位7年。上述记载，都说赏心亭是他出镇建康（今南京）时所建。

赏心亭周边同时还有其他一些比较知名的亭子。据民国夏仁虎《秦淮志》记载："赏心亭在孙楚楼旁，丁谓张周昉《卧雪图》处。白鹭亭，下瞰白鹭洲，故名。折柳亭，在赏心亭下。二水亭，在白鹭亭西。风亭，在折柳亭东。佳丽亭，与风亭相近。县志：'云台闸，淮水径此出城。上有太白酒楼，即孙楚楼也。旁有赏心亭，西为白鹭亭，又西为二水亭，下为折柳亭。与风亭相连，有佳丽亭，风帆云树，目不暇给，並舣舟胜处。'"从以上记载，可见赏心亭在西水关的孙楚酒楼旁。赏心亭和白鹭亭、折柳亭、风亭、佳丽亭、二水亭连成一片，形成一个群亭景观。

赏心亭出名的另一个原因，还与一幅名画有关。亭子建好后，丁谓在亭内墙壁上挂了《袁安卧雪图》。关于此画的来历，有两种说法：一是丁谓家中所藏。《六朝事迹编类》说道："公以家藏《袁安卧雪图》张于其屏，乃唐周昉笔。经十四太守，无敢觊觎者。后为一太守以凡笔画《芦雁》易之。"意思是：丁谓将家藏的八幅《袁

安卧雪图》拿出来，还是
出自唐代名画家周昉的手
笔呢。他把画张挂在亭子
里供人们观赏，虽更换了
14任太守，但无人敢拿赝
品冒顶原作。直至第15
任太守，将其偷换为名叫
《芦雁》的一般之作。二
是《袁安卧雪图》为宋真
宗所赐。元代《至正金陵
新志》记载："祝穆编纂
的《方舆览胜》引《续志》
云：'丁始典金陵，陛辞

《袁安卧雪图》（南宋夏珪绘）

之日，真宗出八幅《袁安卧雪图》曰：'付卿到金陵，
可选一绝景处张此图'。谓遂张于赏心亭。"无论是哪
一种说法，画作出自何处，在赏心亭张挂《袁安卧雪图》
之事是确凿无疑的。

　　以历史典故入画是中国绘画的传统。袁安卧雪的
故事，在古代美术史上极有影响，成为传统绘画广为采
用的素材。袁安卧雪典故表现的内容，与我国传统文人
士大夫所提倡的精神境界相一致。画里所表现的，是指
虽说高士生活清贫，但是仍然坚持操守。故而历史上许

临唐伯虎《袁安卧雪图》(近
代冯超然)

多杰出画家乐此不疲地以此
为题材,这正是"袁安卧雪"
的思想内涵决定的。我国美
术史上许多著名画家,如王
维、董源、李升、黄筌、范宽、
李公麟、李唐、周昉、马和之、
郑思肖、颜辉、赵孟頫、倪瓒、
沈周、盛懋、祝允明、文徵明、
文嘉、谢时辰等人,都画过
《袁安卧雪图》。直到现代,
以此典故为题材的名画比比
皆是,傅抱石、刘峨士、胡
世华、冯超然等人都画过此
类国画。

天下文枢

在夫子庙大成门之南、泮池之北，矗立着一座宏丽的牌坊，名曰："天下文枢"。

明代万历十四年（1586），这座牌坊拔地而起，一举成为南京历史上含金量最高的文化地标。它的出现，为以传扬儒学主流文化为己任的文庙学宫，起到了画龙点睛的作用；为以南京文化渊薮而自豪的十里秦淮，起到了画龙点睛的作用；更为文韵四射的南京历史文化名城，起到了画龙点睛的作用。

在华夏漫漫五千年历史上，能够以"天下文枢"之名立坊书额，并且够资格的，是非常罕见的。

明末清初著名文人余怀这样评品秦淮："衣冠文物盛于江南，文采风流甲于海内。"在我国偌大的版图上，南京不仅是一座自然山水名城，而且是一座历史文化名城。她的山、水、城、林之景，无不融入诗、词、歌、赋之境，也无不渗透书、画、丝、竹之情。而十里秦淮便是这座城市的文化核心区域。在这里，儒家文化的繁荣，多元文化的激荡，二者相互交融，各呈精彩。站在秦淮历史文化极为深厚的土地上，"天下文枢"牌坊担负着独特的使命，因为它高高托举的，正是——六朝风流、唐宋风情和明清风雅。

　　当人们站在天下文枢坊之下，仰望那层层叠叠的木构斗拱，思绪不禁随着翘角飞檐飘向天际。回溯历史时

19世纪末期的"天下文枢"牌坊

空，有如打开秦淮泛黄的线装书，让人去领略"天下文枢"的厚重与博大，或者说"天下文枢"是建立在深厚的人文基础上的：

秦淮是中华的文教福地。久远的汉代已在此置学。东晋咸康三年（337）成帝在秦淮水南建立太学，即当时最高学府。南唐又在秦淮水北建立国子监。北宋景祐元年（1034），江宁知府陈执中将夫子庙迁到今址。元至元十二年（1352）改名集庆路学。朱元璋于1356年刚打下南京，就下令将原集庆路学改为国子学，即明初最高学府。后国子学移至城北，夫子庙改为应天府学。此后，上元、江宁两县县学坐落于此。概而言之，一方面，

宏丽的"天下文枢"牌坊

朱元璋定鼎金陵后十分重视夫子庙文庙学宫建设

秦淮河畔先后建有太学、国子监、国子学、府学、县学、书院等官学；另一方面，又建有星罗棋布的社学、义塾和蒙馆。千载之下，两岸书香缕缕不绝，儒风浩荡。

秦淮是中华的科举重镇。紧邻夫子庙东侧的贡院，明初一度为会试考场，清代是全国最大的乡试考场。清初，贡院匾额上高悬康熙帝御书的"天开文运"四字，表明这里是"为国求贤"的南方重镇。到了晚清，贡院已占地约30万平方米，拥有20644间号舍。仅清代112名状元中，从贡院走出去的就有58人之多，成为举国知名的文星荟萃之所，群星升起之地。

秦淮是中华的书画高原。在纷繁多彩的美术史上，书画领军人物如此众多，而又钟于一地的，莫过于秦淮。"书圣"王羲之、"画祖"顾恺之寓居秦淮，他们的《兰亭序》和《女史箴图》《洛神赋图》等作品，都是颇具影响的名作。著名画家还有曹不兴、皇象、郗鉴、戴逵、

陆探微、张僧繇、周文矩、顾闳中……他们在秦淮河边
欣然挥毫，晕染丹青，泼墨成美丽的华夏意象。

　　秦淮是中华的文学森林。无数的文学大家彳亍于秦
淮河畔，梦魂牵绕，于是有了六朝的文学佳作《吴都赋》
《世说新语》，于是有了唐宋诗词经典《长干行》《泊
秦淮》，于是有了明清小说名著《西游记》《儒林外史》，
也于是有了戏曲传奇《桃花扇》《笠翁十种曲》……只
因为有了谢朓、李白、杜牧、刘禹锡、王安石、陆游、
辛弃疾、萨都剌、吴敬梓等无数诗人、作家的浅斟低唱、
慷慨放歌，才使得古老的秦淮飘散着亘古不绝的历史
风情。

　　秦淮是中华的成语故乡。六朝古都的秦淮，是成语
典故的盛产之地。反映帝王名相的，有"一往情深""步
步莲花""东山再起"等成语；反映艺术名家的，有"渐
入佳境""梅花三弄""画龙点睛"等成语；反映文学
名家的，有"才高八斗""梦笔生花""江郎才尽"等
成语……春笋般的成语萃于一域，早已成为汉民族语言
文学的经典。

　　秦淮是中华的佛都之胜。东汉末年佛教东渐江南。
自六朝始，秦淮河两岸梵刹林立，高僧辈出。吴大帝在
长干里建造建初寺，被称江南首寺。它和著名的道场寺、
长干寺、瓦官寺、道场寺、大报恩寺一起，奠定了"佛

19 世纪末的夫子庙泮池，蕴藏浓郁的儒学气息

都金陵"的核心地位。2010 年，大报恩寺（长干寺）地宫佛祖释迦牟尼顶盖骨舍利的盛世重光，见证了秦淮与佛教的殊胜因缘。

秦淮是中华的佳境胜地。蘸得六朝烟水，描却美景无数：李白"凤凰台上凤凰游"的凤凰台，杜牧"借问酒家何处有"的杏花村，刘禹锡"旧时王谢堂前燕"的乌衣巷，辛弃疾"栏杆拍遍，无人会，登临意"的赏心亭……一个个胜景，让人可忧，可叹，可赏，可赞，无不彰显着秦淮的古风意象。

六朝以后丰富而灿烂的多元文化荟萃于此，是为天下文枢之"地利"，此为一；明太祖定都南京，乃为全国文化中心，即使迁都仍为政治上的"留都"，但文化上继续处于"中心"地位，是为"天时"，此为二；作为第二京都的南京，许多文人名士、失意官员聚集于此，他们又会合秦淮乡贤世家大兴结社之风，团伙结盟，一时诗社、诗派百花争艳，是为"人和"，此为三。可见在封建皇权极其森严的社会，夫子庙出现"天下文枢"现象应是历史的必然。

作为天下文枢之邦的秦淮文化，与其他城市夫子庙最显著的差异在于：它既传承着华夏精神主脉，同时浓厚的儒家思想，又与多元文化相互辉映，从而注定秦淮必然成为天下文化的萃集之地和融合之所，创造出官府与民间、高雅与世俗和平共处的局面。这从天下文枢牌坊与夫子庙整体布局中便可以看出端倪。

历经宋代及今的重修和扩建，夫子庙形成了"前庙后学"的宏大建筑群。从最南端的照壁，到最北端卫山之间的中轴线上，依序排列着照壁、泮池、天下文枢坊、魁星阁、聚星亭、棂星门、大成门、甬道、两庑、丹墀、大成殿、东南第一学、明德堂、尊经阁、卫山、敬一亭等文教礼仪建筑，占地 26300 平方米，呈现出"庙市街景"合一的格局。夫子庙犹如一部宏伟瑰丽的乐章，按照由南至北序列，有序篇，有过度，有高潮，有尾声，抑扬顿挫，大气优雅。

夫子庙壮阔序篇——全国最长的照壁。它全长 110 米，高 10 米，朱墙黛瓦，翠柏映衬。宽阔的照壁既屏障了外景，又显得气势轩昂，昭示着儒家文化的正大、

中国最长的夫子庙大照壁

广博与威严，恰似文庙学宫的帷幕。

照壁下静静的泮池，也称月牙池。它是利用秦淮河天然河道拓宽而成。这条河胸襟广阔，能够容得下儒的载道、佛的妙悟和道的逍遥，再加上酒肆茶楼毗连、桨声灯影入梦，对于并蓄南北、兼容中外（佛教）文化的秦淮河，不同类型的思想文化在此传播、碰撞、激荡、融合……这里是天堂，还是人间？是他乡，还是故园？谁也说不清楚。但泮池俨然像一面长镜，从中折射出秦淮文化的多元化和多样性。

前有秦淮河作为泮池之水的滋养，后有文庙学宫儒学精气神的依托，天下文枢牌坊在这里华丽崛起。它堪称夫子庙建筑群的第一个高潮，似乎告诉人们：牌坊前的泮池蕴蓄深长，雅俗万千；牌坊后的文庙学宫金声玉振，文光射斗。这牌坊占得天时、地利、人文之高地，天下文化在此仰之观止。

"天下文枢"牌坊之东，有一座建于乾隆年间的奎星阁，又叫魁光阁。据说魁星之神的朱笔，点到哪个举子，哪个就能高中金榜，故而每当秋闱开考前夕拜者如云。"天下文枢"牌坊之西有座聚星亭，建于万历十四年（1586），含有天下文士聚集之意。这一阁一亭，象征那些中举或未中举的读书人，全都簇拥在天下文枢牌坊的左右。

进入文庙的第一道门叫棂星门，三间四柱冲天柱式石坊，前后石鼓夹抱。它建于明成化十六年（1480），重建于1984年，是进入文庙的牌坊之门。"大成"是亚圣孟子对孔子的评价，说他是集先贤思想之大成的巨

棂星门石牌坊

　　大成门的甬道两侧，对应地立着孟子、曾子、颜子、孔伋等八人汉白玉雕像，让人肃然起敬

　　臂，故称"大成门"。此门是进入文庙的正门。

　　踏进大成门，眼前已然是文庙高潮的铺垫。甬道笔直，两侧对应地立着孟子、曾子、颜子、孔伋等八尊汉白玉雕像，让人自然想到儒家学派的形成发展，不只是孔子一个人的孤心独想，而是在他感召下，有一支卓越的团队在砥砺前行，有一群思想的智者在仰望星空。走上丹墀，中间兀自矗立着孔子铜像。古代祭孔活动就在此跳"八佾"之舞。

　　大成殿是文庙主殿，也即祭祀孔子的正殿。其高16.5米，阔28.4米，深22米，巍峨庄严。殿内正中挂有全国最大的孔子画像，从屋檐垂到地面，给人以万世师表的圣哲形象。画像下置有"大成至圣文宣王之先

东南第一学即是文庙后面的学宫所在

师"牌位。殿堂高敞，让人不由得生发崇敬之情。自建庙1000年以来，这里一直是历代官员、民众祀拜孔夫子的地方。

大成殿北面即为学宫。门头悬有"东南第一学"匾额。书法是乾隆时期秦淮状元秦大士的手笔。入内地界开阔，东置钟亭，西有鼓亭。学宫用房两进：第一进以明德堂为主，第二进以尊经阁为主，前后既相互贯通又相应分隔。

明德堂原名彝伦堂，南宋淳祐六年（1246）改名为明德堂，为学宫主体建筑。这里是生员上大课的地方。在南宋沦陷之际，元军押解着誓言"人生自古谁无

《文天祥正气写匾额》（诸辛耕绘）

死，留取丹心照汗青"的文天祥路过南京。文天祥戴枷到此，奋笔写下"明德堂"三字，以示对中原儒家文化的尊崇。位于明德堂之北的尊经阁，建于宋代。原为典藏四书五经之所。现今的尊经阁，三层楼阁高耸灵动。

卫山是夫子庙宏大乐章的煞尾之笔。明嘉靖五年（1526），皇帝"颁御制《敬一箴》于学宫"，当时就刻碑于卫山上的敬一亭，以供奉嘉靖帝的"箴言"。这座小亭，并不张扬，但却像一个斩钉截铁的惊叹号，告诉人们：天底下的士大夫和生员必须遵循圣人之道！

夫子庙系列建筑，从规划上体现了儒家文化内涵：其一，中正思想。无论何朝何代的重建、扩建，始终守着一条由南至北的中轴线，不偏不倚；其二，对称理念。不少建筑都力求左右对称，如原有的德配天地和道贯古今二坊，钟亭和鼓亭，魁星阁和聚星亭；其三，等级礼仪。孔子提倡社会应以一定等级秩序来约束人们思想和

高大的尊经阁

行为。大成门内甬道两旁对应地立着门生等儒者塑像，而孔子雕像则高高立于丹墀之上；其四，尊师重教。学宫即"杏坛"，尊经阁就是典藏儒家经典之处。

"天下文枢"牌坊，在它建立之时，已经具备了天时、地利、人和三大要素，再加上有"孔夫子"坐镇夫子庙的强大思想依托，数百年来岿然屹立，见证了秦淮人文的特殊魅力，散发着南京历史文化名城的高华气韵！

河房千秋

　　在东水关至西水关的"十里秦淮"两岸，前靠街、后临河，鳞次栉比地排列着的民居式建筑，那就是秦淮河房。

　　千秋以来，这河房，与秦淮河，与街市形成了"一水二街"的整体布局。"一水"，是指十华里长的秦淮河。"二街"，是指在河房之外，各有一条长长的街市。秦淮河南岸街市，自东向西由东关头、金陵闸、大石坝街、钞库街、大油坊巷、膺福街、钓鱼台、船板巷、柳叶街和回龙街等街巷衔接而成；秦淮河北岸街市，是由钓鱼巷、桃叶渡、贡院街、东牌楼、信府河、糖坊廊、长乐街、牛市、玉带巷、徐家巷和生姜巷等街巷衔接而成。两岸长街夹着河房，两岸河房夹着一水秦淮，它们共同构成南京特色标志，即明清式的市井生态——十里

古时候，夫子庙沿河两岸是河房集聚之所

河房、十里长街和十里水上街市。

秦淮河房，夹淮而建，枕河而居，呈现了古代南京城南的民居风格。

河房细说起来，它的单体建筑，一般由沿河房屋及其河厅、河亭或露台组成，伸到河面的部分，其桩基打到河床上，故而笼统称作"河房"。它的进深，少则二三进，多则五六进，朝向依照河的弯曲而定，正南正北的走向极少。两家之间的马头墙渐次叠落，很有音乐旋律的变幻之美。靠河的花格窗珠帘映水，可以欣赏河上来往的画舫。河房不仅适宜居民常住，也适合游客小

现在的李香君故居是明清时期知名的河房

憩，更适于雅集、品茗、宴饮、赏景，诚然是南京最具特色的休闲所在。

秦淮河房源远流长，它是随着秦淮河的繁荣而发展起来的。河房不仅有居住功能，而且与古都南京的手工业、商贸、文学、休闲、娱乐，甚至与朝代兴亡联结在一起。

自吴大帝孙权建都以后，秦淮河两岸商业发达，市场兴旺，沿河有大小集市100多个。朝廷还迁各地工匠、富户充实京师，把他们安顿在秦淮河边。于是在沿着河岸造屋建店，大多为前店后场，初步形成民居、商铺相混合的格局。西晋左思的《吴都赋》写道："横塘查下，邑屋隆夸；长干延属，飞甍舛互"。说的就是吴国时的秦淮河横塘和查下的地方，岸边盖了许许多多的高大房屋。到了长干里，又是小长干接着大长干，河边房屋密密麻麻，一片繁华。南朝时期，秦淮河两岸商业贸易更加红火，这与建康（南京）水运发达程度有关。当时的内外贸易，是通过水运来实现的。东晋时刮了一次强台风，仅仅在石头城码头就损坏商船一万多艘。发达的水运业带动了商贸发展，也拉动了秦淮河房里各行各业的兴旺。

隋代采取贬抑金陵政策，把六朝时建康城邑和秦淮河的繁华"平荡耕垦"，一扫而光。经过唐代前期的缓慢发展，南京的元气渐渐恢复。到了盛唐时期，秦淮河再现了当年繁华景象。李白多次游历秦淮河，写下许多与秦淮河有关的诗作。著名的《金陵酒肆留别》，记

钓鱼台 192 号河房省级文物保护单位碑

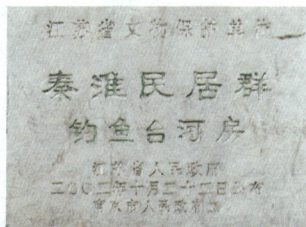

此河房为钓鱼台 192 号文物建筑

载了他在河房酒店饮酒、吴姬劝酒和好友相送的情景。他多次和文友在孙楚酒楼豪饮，写下"昨玩西城月，青天垂玉钩。朝沽金陵酒，歌吹孙楚楼"的诗句。后来南京人觉得，西晋诗人孙楚的名气不够大，索性将以孙楚喝过酒而命名的孙楚楼改称太白楼了。太白楼北倚水西门，南临西水关的秦淮河，是典型的酒家河房。唐代中晚期，大批知名诗人来游秦淮河，游览后没有不赋诗的。杜牧《泊秦淮》就有"夜泊秦淮近酒家"之句。

明初，南京成了全国政治、经济和文化中心。朱元璋在全国调集工匠、富户来建设都城。一时间秦淮门东、门西设立了不少匠坊，秦淮河两岸匠户高达四五万户。

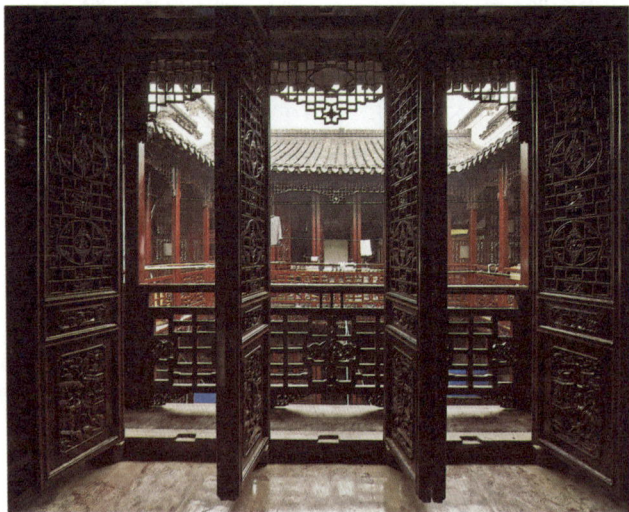

糖坊廊河房内的跑马楼

永乐迁都后，政治中心北移，但是秦淮河一带作为居住区和商贸区却更加繁盛。画家仇英的《南都繁会景物图卷》，展现的是600年前永乐年间，秦淮河上巳节的热闹景象。画中十里秦淮沿岸，街市纵横，店铺林立，行人摩肩接踵，广告林林总总。两岸城门、寺庙、官衙、民居、戏台、牌坊、水榭，层叠毗连；金店、银店、药店、茶庄、浴室、鸡行、鸭行、猪行、羊行、粮行、油行、谷行，应有尽有，109家店肆、1000多个不同职业身份的人物，栩栩如生……由此可见秦淮河房的盛观。

明末清初，张岱《陶庵梦忆》里记载：

秦淮河河房，便寓、便交际、便淫冶，房值甚贵，而寓之者无虚日。画船箫鼓，去去来来，周折其间。河房之外，家有露台，朱栏绮疏，竹帘纱幔。夏月浴罢，露台杂坐。两岸水楼中，茉莉风起动，儿女香甚。女客团扇轻纨，缓鬓倾髻，软媚著人。

清代吴敬梓的《儒林外史》描写得愈加生动：

那秦淮到了有月色的时候，越是夜色已深，更有那细吹细唱的船来，凄清委婉，动人心魄。两边河房里住家的女郎，穿了轻纱衣服，头上簪了茉莉花，一齐卷起湘帘，凭栏静听。所以灯船鼓声一响，两边帘卷窗开，河房里焚的龙涎、沉、速，香雾一齐喷出来，和河里的月色烟光合成一片，望着如阆苑仙人，瑶宫仙女！

民国夏仁虎的《秦淮志》，对秦淮河房记载非常翔实，有名有姓有地址的，就有刘河厅、周河厅、赵河厅、杨河厅、郭河厅、林河厅和傅河厅等河房，水上两岸人家，悬桩拓架，便为河房水阁。河房雕梁画槛，隔岸相望。每当夏日，乘船纳凉，在河上漂荡，扇清风，酌明月，边消遣，边览胜，实在是一道别样的风景。

毗连的秦淮河房，有茶馆、酒楼、戏园、妓家等不同行业店家，是官人、文人、商人和平民各色人等的消费与社交场所。明末清初复社进步文人经常到河房来活动，他们一边品茗，一边议论时政。特别是到夫子庙贡院科考的士子，也常常来此雅集。一些文人常来此对酒当歌，吟诗作对，位于桃叶渡的丁家河房，就是当时文化名家聚集的地方。著名的《桃花扇》传奇故事，就发生在钞库街河房的媚香楼里。

到了当代，随着秦淮风光带的建设发展，秦淮河房逐步得到保护，有的得到修缮，有的规划复建。其中特色明显、影响较大的，有钞库街 38 号李香君故居、东关头吴敬梓故居、糖坊廊 61 号、钓鱼台 192 号、196

朱雀桥一带的秦淮河边，河厅河房林立，自古是风雅之所

号等处的河房。1984 年以来，夫子庙及秦淮河的河厅河房整体进行复建，呈现了"白墙黑瓦，朱帘绮户，错落有致，人家枕河"的都市视觉走廊。

今天的秦淮河房，已成为游客游览观光、寻踪访古、休闲娱乐、品茶清谈和举杯邀月的休闲胜境。每到华灯初上，河面画舫欸乃，轻歌不绝于耳，这韵味只有在晚间的河房里才能领略到它的妙处来。

秦淮河房，宛如透着风雅气的线装书，一排排，一排排地立在秦淮河两岸，既可在外欣赏，也可让人走进去，细细地品读，慢慢地享受。

画舫入梦

　　春水碧于天，画船听雨眠。垆边人似月，皓腕凝霜雪。

　　这是晚唐诗人韦庄《菩萨蛮·人人尽说江南好》中的词句，描写的是江南人美、景美、生活美的画图。韦庄曾游历南京，谙熟秦淮风土人情。

画舫穿过王昌龄宴饮处，进入夜色迷蒙的白鹭洲

　　说到画舫，它实在是"十里秦淮"的姊妹，因为秦淮河的荣耀与沧桑，它都亲历过、承载过。对于画舫，起码有三点值得了解：第一，画舫内外装饰考究，还有不同时期的文化点缀其间，具有文化审美价值；第二，游览秦淮河的人，必乘画舫游船，这已成为人们的一种休闲方式，让人们在观光中来体验秦淮河独有的文化气场；第三，在秦淮河的时光隧道里，朝代兴亡，人事代谢，乘着画舫可以捡拾到它的雪爪鸿泥。因为秦淮画舫，是从历史的深处漂泊过来的。

　　清代文人捧花生，在他的《秦淮画舫录》自序中写道：

　　游秦淮者，必资画舫，在六朝时已然，今更益其华靡。颇黎之灯，水晶之盏，往来如织，照耀逾于白昼。两岸珠帘印水，画栋飞云，衣香水香，鼓棹而过者，周不目迷心醉……

　　秦淮画舫可以追溯至东晋时期。冬去春来，在上巳节这天，青年男女来到秦淮水边、青溪河畔，执兰招魂，载歌载舞，后来又发展为官民同乐的形式。东晋之初，北方南渡士族经常参与民间优游，推动了上巳节的踏歌活动。随着民俗活动的演变，乘画舫、赏美景逐渐取代了秦淮河边祭祀色彩的游乐。后来的端午、中秋，自然成了人们泛舟游玩的高峰期。再往后，又从传统佳节发展到平时的冶游，不管是风和日丽，还是细雨霏霏，泛舟秦淮俨然定格为一种愉悦身心、社交往来的特色休闲。六朝以后的隋唐五代时期，乘画舫、游秦淮相沿成习，已然形成南京人的生活时尚，许多文人骚客"夜泊秦淮"的诗词，就是画舫冶游的写照。

南唐灭亡后，身为赵匡胤阶下囚的李煜，在北方回想在南京时的快乐光景，写下了词作《望忆南》，其中有句曰：

闲梦远，南国正芳春。船上管弦江面渌，满城飞絮辊轻尘，忙杀看花人。

白鹭洲浣花桥夜景

19世纪末的夫子庙前，画舫游船停泊在泮池上

　　春暖花开时节，画舫优游，管弦轻扬，柳絮飞舞，李煜在秦淮河上享受着春天的乐趣。这是他在词作《望江南》中所写的蒙太奇般的怀想。

　　明清两代，秦淮画舫最盛。朱元璋乘灯船游秦淮，是秦淮灯船走向繁盛的发端。因为朱元璋游秦淮，乃皇家规格，其他人等不行；又因为朱元璋游秦淮，提升了秦淮灯船的美誉度，由此秦淮灯船的风俗也沿袭了下来。文学家余怀在《板桥杂记》里评品道："秦淮灯船之盛，天下所无"。余怀家居秦淮，是跨越明清两个朝代的人，对秦淮河上的风光、风物、风情和风俗，见得多，记得全，认得清，他的记述应当作为信史。

　　吴敬梓在《儒林外史》里，描写了大明朝传下来的画舫休闲之风：

话说南京城里每年四月半后，秦淮景致渐渐好
了……船舱中间，放一张小方金漆桌子，桌上摆着宜兴
沙壶，极细的成窑、宣窑的杯子，烹的上好的雨水毛尖
茶。那游船的都备了酒和肴馔及果碟到这河里来游，就
是走路的人，也买几个钱的毛尖茶，在船上煨了吃，慢
慢而行。到了天色晚了，每船两盏明角灯，一来一往，
映着河里，上下明亮。自文德桥至利涉桥、东水关，夜
夜笙歌不绝。

吴敬梓住在夫子庙东边的东关头，河上画舫日夜从
他家的水亭下来来往往，耳边时时飘过丝竹之声。所以
在他的笔下，才会有细致、生动的画舫风情：那时的人
游画舫，很讲究生活情调，"金漆桌子""宜兴沙壶""成
窑宣窑的杯子""雨水毛尖茶""酒和肴馔及果碟"，
一边游览，一边小啜，而且还是"慢慢而行"，漂泊在

明末清初大画家樊圻描绘的秦淮河画面

画舫上秦淮丽人的民乐演奏

迷蒙的月色灯影里。如此的慢生活，怎不令人销魂呢？

《清稗类钞》写道：

乾隆末叶，江宁大家闺秀，亦乘秦淮画舫，以作清
游。惟四围障以湘帘，龙媪雅姬，当马门侧坐，衣香鬓
影，絮语微闻，抑或召名妓一二，以佐宴侑觞。

看来，画舫不只是官僚、文人、商贾们贪恋秦淮风
雅的专享之物；江宁（南京）的大家闺秀，也可以来秦
淮河玩赏，感受这山温水软的美好意境。

现代作家、堪称秦淮河知音的朱自清，他的散文
《桨声灯影里的秦淮河》，是中国现代以来家喻户晓

朱自清、俞平伯写的同题散文《桨声灯影里的秦淮河》是我国现代散文名篇。此为朱自清(右)和俞平伯(左)雕像

的名篇。1923年，25岁的朱自清和好友俞平伯，一同游览秦淮河。两人相约，写了同题散文，同时发表，轰动了文坛。朱自清写道：

　　秦淮河里的船，比北京万牲园、颐和园的船好，比西湖的船好，比扬州瘦西湖的船也好。这几处船不是觉着笨，就是觉着简陋、局促；都不能引起乘客们的情韵……在这薄霭和微漪里，听着那悠然的间歇的桨声，谁能不被引入他的美梦去呢？只愁梦太多了，这些大小船儿如何载得起呀？我们这时模模糊糊地谈着明末的秦淮河的艳迹，如《桃花扇》及《板桥杂记》里所载的。我们真神往了。我们仿佛亲见那时华灯映水，画舫凌波的光景了。于是我们的船便成了历史的重载了。

　　朱自清对秦淮河游船十分厚爱，他认为，在中国只有秦淮河的画舫最有情境。他所乘的船从现实摇进历史，虚虚实实，朦朦胧胧，令人陶醉。读了他的文字，读者怎能不迷恋秦淮河的桨声灯影呢？他还写了关键的一句话："领略那晃荡的蔷薇色的历史的秦淮河的味道。"朱自清把秦淮河的底色确定为蔷薇色，真是极准确、极形象了。

秦淮画舫是秦淮河上游船的通称，是一种档次比较高的游船。根据不同功用，不同装饰，还可细分为灯船、龙舟、卖唱船、木兰船、藤篷船、漆板船、凉篷船、楼船、伙食船、围棋船、小边港等十余种。

20 世纪 80 年代以来，古老的秦淮再现了历史上的繁华与风雅。1988 年，沉寂了 40 年的秦淮河，重现了

《康熙南巡图》（局部），反映了清初夫子庙秦淮河画舫凌波的市井繁华

依依柳丝下的画舫鱼贯而过

桨声灯影。2005 年 开拓水上游览线，画舫从夫子庙泮池码头出发，可以游到桃叶渡、白鹭洲、东水关，然后折回，再游向中华门，开辟了东五华里水上游览线。2017 年初，疏浚镇淮桥以西的秦淮河，画舫可以从中华门游到甘露桥、新桥、上浮桥、仙鹤桥、下浮桥和西水关，开辟了西五华里水上游览线，实现了自民国百年以来的全线贯通。

桨声轻咏六朝气，灯影醉弹十里弦。秦淮画舫，不只是普通的水上交通工具，它像是蕴藉着深厚人文的城市符号，是南京历史文化名城漂浮的特色载体。

乘画舫，游秦淮，不仅让人能够感受绮丽的历史之美，还能让人领略到古典江南与现代都市相融合的氛围。秦淮河无须大江大河的粗犷，它是典型的东方美人，春月吻水，秋波流盼，在桨声灯影里悄悄地引人入梦……

佛都圣境

晚唐的时候，大诗人杜牧来到秦淮河边。眼前一座座寺庙虽说是碧瓦飞甍，可是已经远不及六朝时香烟缭绕的景象了。他伤今怀古，不由得写下"南朝四百八十寺，多少楼台烟雨中"的诗句。这两句诗竟然成了传诵后世的广告词。

2014 年复建的建初寺

中国历史上，洛阳首推北方佛都，金陵乃是南方佛都；而秦淮河边，正是金陵佛都的创始之地和核心之区。

江南首寺名建初。东汉末年，佛教在江东地区已呈萌芽状态。东吴时期，秣陵（今南京）长干一带已"有尼居其地为小精舍"。唐人许嵩《建康实录》记载：

是岁（吴赤乌十年），胡人康僧会入境，置经行所，朝夕念佛，有司以闻。帝曰："昔汉明帝感梦金人，使往西方求之，得摩腾、竺法兰来中国立经行教，今无乃是其遗乎？"因引见僧会，其言佛教灭度已久，唯有舍利可以求请。遂于大内立坛，结静三七日得之。帝崇佛教，以是江东初有佛法，遂于坛所立建初寺。

建初寺大殿

建初寺的创建者康僧会，原为康居（古西域城国名）人氏，单名"会"字，后人称其康僧会。他祖辈曾世居天竺（古印度），后随父行商，十余岁时因父母双亡，遂出家为僧。康僧会是继支谦之后到江南传教的高僧。孙吴时，他来到长干里，

康僧会向孙权宣传佛法的历史故事（清版画）

营立茅茨，设像行道。有司奏报朝廷：有胡人入我吴国，自称沙门，容貌服饰跟我们不一样。孙权听了，召见康僧会问话，意思说你的法术有何灵验？康僧会回答说，西天如来佛离现在已超过千年，遗骨化成的舍利神耀万方。过去阿育王，造塔有八万四千座，塔寺的兴盛就表明佛的传承啊。孙权认为康僧会言语夸张而荒诞，就对他说：你若能得到舍利，就为你造塔；你若说的是虚妄

之言，就按照朝廷的法律处理你。

于是让他在宫内设坛，经过三个七天，忽闻瓶中当当有声，果然请得舍利。孙权便召满朝文武前来观瞻，只见瓶内舍利颗颗晶亮，闪烁五色光焰。孙权肃然起敬，告诉文武官员，这真是稀有祥瑞之物啊。康僧会进而又禀报说，用劫烧之火不能将舍利焚毁，用金刚之杵也不能把舍利击碎。孙权命其试一试。于是他将舍利放在铁砧磓上，用力锤击，可砧磓陷了一个凹孔，而舍利却丝毫无损。孙权十分叹服，当即同意在小长干（今中华门西花露岗之南）建庙立寺。不久，寺庙建好了。因是江南第一座寺庙，故名建初寺。

从此，康僧会住持建初寺，一心弘法，直到孙吴天

位于门西的金粟庵

纪四年（280），圆寂于寺内。在康僧会身后，许多高僧大德仗锡建初寺，诸如帛尸梨密多罗、支昙籥、释僧祐、释道儒、释明彻、释智矩、释慧哲和释宝琼等人，都曾在此讲经译经。

建初寺开创了江南寺庙的先河，这是继洛阳白马寺之后我国江南地区的第一座寺庙。因为第一，所以它的历史地位不同凡响，具有划时代意义：建初寺的落成，说明在吴国思想界打破了汉以后"独尊儒术"的儒家道统；外域僧人云集，也说明江南传统文化承受了佛教文化，开辟了南京接纳外来宗教文化的新境界。此后，秦淮河畔渐渐成了佛教丛林，而且众多寺院此消彼长，时有分合。直至元末，建初寺已经圮废，消失在历史的烟云里；而此时"琳宫绀宇"的建初寺，则归于矗立一旁的瓦官寺了。

建初寺所在的小长干，位于十里秦淮南岸。可以说，秦淮河是佛教在江南最初落脚的地方，是金陵佛都的发祥地和繁盛地。在此发生了不少在中国乃至世界佛教史上颇具影响的寺庙和事件：

瓦官寺——"三绝"。建初寺北侧，原是官府烧造陶器的窑场。晋哀帝兴宁二年（364），在此建起了另一座寺庙——瓦官寺。这里是天台宗的祖庭。此寺在佛教史上最知名的有"三绝"：一是斯里兰卡赠送的白玉

古瓦官寺一角

佛像；二是大雕塑家戴安道雕塑的佛像；三是大画家顾恺之绘制的维摩诘像。相传瓦官寺建好后，还没装饰，老方丈欲请社会人士捐助：皇帝捐钱 10 万，宰相捐钱 5 万，平民捐多少不限。没想到大画家顾恺之宣布，要向瓦官寺捐钱 100 万，这可把和尚们吓了一跳。顾恺之让寺院准备一面白墙，说是一个月后捐款如数到位。到了开光那一天，遮挡墙壁的布幔扯掉了，只见墙上的维摩诘像神彩惊人，一下子轰动了建康城（南京）。当时举国信佛，那些当官的、经商的有钱人都以争睹维摩诘像为快事，纷纷前来认捐，三天就捐了 100 多万。唐代之时，瓦官寺的影响更是如日中天，诗仙李白写下"晨登瓦官阁，极眺金陵城"的著名诗句。诗圣杜甫发出"虎头金粟影，神妙最难忘"的感叹。"虎头"是顾恺之的小名，人称顾虎头，可见杜甫对维摩诘像真的是佩服之极。

　　道场寺——译经中心。在今天 1865 创意产业园的秦淮河边，曾有一座赫赫有名的道场寺，是东晋佛经翻译中心。中外高僧、佛教学者、佛经翻译家，诸如佛驮跋陀罗、法显、慧观、慧严、法业、宝云、慧义等人一时云集。自义熙九年（413）起的四五年间，佛驮跋陀罗与法显合作翻译了《摩诃僧祇律》四十卷、《僧只比丘戒本》一卷、《僧只比丘尼戒本》一卷、《大泥垣经》六卷、《杂藏经》一卷。佛驮跋陀罗又请 100 多人，翻译了《大方广佛华严经》六十卷（简称《华严经》）。

大报恩寺遗址公园内的唯美睡佛之景

大报恩寺全图（明朝凌大德绘）

据说法显也参加译事，他还详述西行求法的经历，留下《佛国记》一书。历史上道场寺一带，曾有重译街、重译桥、重译楼等老地名，可见道场寺对周边地名的影响。在遥远的东吴东晋，一群智者，有的去西天取经，有的来东土传经，他们翻越世界屋脊喜马拉雅山聚集于此，虔诚地把另一种声音翻译过来，让我们的芸芸众生侧耳谛听，开启了南朝举国信佛的崭新时代。

大报恩寺塔——"第一塔"。永乐十年（1412），在前代长干寺地基上兴建大报恩寺，明成祖御赐塔名："第一塔"。意思说，它是天底下排名第一的佛塔。明代文人张岱游览后，赞誉道："中国之大古董，永乐之大窑器，则报恩塔是也。"大报恩寺塔，五彩琉璃，九级八面，高耸入云，如彩虹垂地，天宫降临。塔的表面有飞天、金翅鸟、狮子、白象、飞羊等琉璃图案，这些都是中国传统吉祥文化的象征。塔外有篝灯146盏，昼夜长明。每当夜幕降临，塔上灯火齐明，光耀天地，整个塔身如同一支通天的火炬直照天庭，方圆几十里都能看得一清二楚，可谓人间独此一景！

长干寺地宫——释迦牟尼顶骨舍利瘗藏地。建于东晋的长干寺，宋代更名天禧寺，元代又更名天禧慈恩旌忠教寺，明代兴建大报恩寺时，仍在原长干寺地宫上建

2008年长干寺出土的佛祖释迦牟尼顶骨舍利

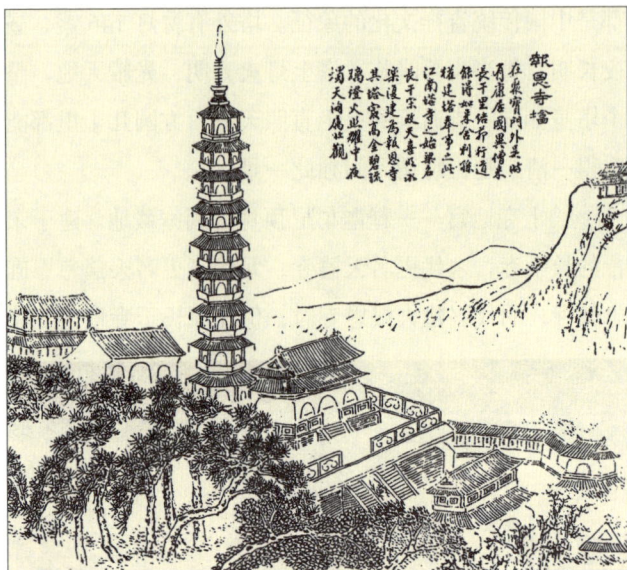

清代金陵四十八景之一"报恩寺塔"

塔。后毁于太平军战火，李鸿章在寺址上建了金陵机器
制造局。为了重建大报恩寺塔及其遗址公园，2008 年
考古人员开启地宫，发现了铁函、石碑等文物。石碑上
刻着《金陵长干寺塔身藏舍利石函记》，证实了大报恩
寺沿用了长干寺地宫。铁函内有七宝阿育王塔，塔内有
大量宝物，其中瘗藏的佛顶骨舍利（佛顶真骨）是释迦
牟尼的头顶骨，全世界上仅存一块，其状周长 35 厘米，
直径 10 厘米，颜色黄白，发孔清晰，这是佛教界至高
无上的圣物。

大报恩寺遗址公园外景

大报恩寺三藏殿

　　三藏殿——玄奘舍利瘗藏地。唐三藏，又称玄奘大师（602—664），俗姓陈，他是佛教学者、翻译家、旅行家、探险家，中国佛教法相唯识宗创始人。玄奘去西天取经，跋涉10余万里，感动了千千万万的人，以致他成了文学名著《西游记》的主角。他创作了《大唐西域记》，历时17年方回长安。后翻译经文75部，大大地推动了佛教文化发展。玄奘圆寂后，顶骨迁至终南山紫阁寺。宋代端拱元年（988），南京可政和尚发现了，就把玄奘顶骨、金钵、衣物背到南京，供奉在天禧寺内。大报恩寺里的三藏殿就是供奉唐三藏舍利的地方。1942年，日本侵略军在三藏殿附近建造稻禾神社，挖出一个石函，上面记载了玄奘顶骨辗转迁葬的经过。次年《国民日报》披露此事。日军只得将玄奘顶骨移交给汪伪政府。后被分为三份，分别保藏于南京、北京和日本。南京这份，成为九华山重建玄奘寺的镇寺宝物。

古老的长干里，其实并不长，从东到西不过五六华里，从南至北也不过二三华里，因为有了秦淮河的深阔底蕴，因为有了南京城的特殊禀赋，长干里才成为佛教丛林中高山仰止

大报恩寺遗址考古工地上的龟趺

的圣境。从江南首寺建初寺，到佛经翻译中心，从出土中国圣僧陈玄奘顶骨舍利的三藏殿，到瘗藏世界佛祖释迦牟尼顶骨舍利的长干寺地宫，都表明一点：秦淮是中华文明的福地，是佛教文化的宝地，更是金陵佛都的圣地。

中国诗河

在中国诗歌版图上,一条大河奔涌而来……它就是秦淮河。

翻开中国文学史册,许许多多的帝王将相、诗词大家和乡土文人,他们徜徉于秦淮河畔、桃叶渡头,凭吊

一船风雅,一河灯影,是秦淮河亘古不变的底色

一千多年来，桃叶渡一直是文人的雅集之所，《幽篁坐啸图》（清代禹之典绘）

于凤凰台上、朱雀桥边，只因为有了他们的梦魂牵绕，浅斟低唱，慷慨放歌，吐纳菁华，才使得秦淮河生发出亘古不散的风雅气韵。

追溯秦淮河诗歌的源头，六朝时已呈现蓬勃的气象。鲍照《升天行》里有"风台无还驾，箫管有遗声"之句，记录了南朝时候凤凰台的风雅轨迹。诗歌史上"永明体"的重要代表人物、跨越宋齐两代的诗人谢朓，写出了最让南京人自豪的《入朝曲》：

江南佳丽地，金陵帝王州。

逶迤带绿水，迢递起朱楼。

飞甍夹驰道，垂杨荫御沟。

凝笳翼高盖，叠鼓送华辀。

献纳云台表，功名良可收。

诗仙李白像

这是关于秦淮河、关于南京城人文渊薮和帝都风采的一曲颂歌。李白很钦佩先他200多年的谢朓，深情地写道："解道澄江静如练，令人长忆谢玄晖。"萧衍、萧纲等帝王也曾写过一些关于秦淮的诗作。南朝梁代诗人徐陵辑录的《玉台新咏》，收录了王献之的《情人桃叶歌》二首、到后来又发展成了《桃叶歌》三首，桃叶的《答王团扇歌》三首，这是秦淮已知的比较早的民歌。

　　今天，当人们在秦淮河上游览，会发现岸边石壁上刻有诗歌，其实那只是秦淮诗河里的一二滴水珠罢了。而当人们仰望华夏文学天空，便会惊讶地发现，秦淮河原来宛如一条诗歌的银河，诗星满天，北斗照耀，竞相争辉。他们有中国历史上著名的诗词大家，如李白、杜甫、崔颢、刘禹锡、杜牧、王安石、苏轼、秦观、周邦彦、陆游、范成大、杨万里、辛弃疾、姜夔、文天祥、萨都剌、纳兰性德等；有中国历史上著名的小说家，如吴承恩、冯梦龙、吴敬梓、曹雪芹等；有中国历史上著名的戏剧家，如白朴、张可久、乔吉、汤显祖、李渔、孔尚任等；有中国历史上著名的帝王，如梁武帝、陈后主、李后主、康熙帝、乾隆帝等；有中国历史上著名的书画家，如王献之、米芾、王冕、唐寅、文徵明、石涛、郑燮等；还有中国历史上著名的政治家，如顾炎武、林则徐、魏源、李鸿章、张之洞、康有为等；更有明清历史上著名的乡邦文人，如顾起元、余怀、柳如是、薛时雨、胡恩燮等。各类大文人、大名人钟爱秦淮，高密度地云集一域，他们的其人其作，共同构成了秦淮河上群星灿烂的天空。

秦淮河是历代诗人吟诵的绝佳胜境。十里秦淮，移步换景，让人渐入佳境，诗人笔下常见的对象，属于河流的，有秦淮河、桃叶渡、长乐渡、青溪、横塘等；属于名胜的，有凤凰台、杏花村、赏心亭、周处台、孙楚楼等；属于园墅的，有东园、西园、遁园、快园、瞻园、愚园、芥子园、万竹园、小西湖等；属于桥梁的，有朱雀桥、长板桥、长干桥、万岁桥、白下桥、淮青桥、赤栏桥、文德桥、武定桥等；属于佛寺的，有建初寺、长干寺、大报恩寺、瓦官寺、鹫峰寺、凤游寺等；属于地名的，有越城、冶山、长干里、夫子庙、乌衣巷、石坝街、邀笛步、聚宝门、赤石矶等。这些都是历代诗人写不够也写不厌的遍地景观。

如若用"诗作如林""词作如海"来比喻秦淮河

明末清初诗坛盟主钱谦
益像（清人绘）

诗歌的数量之多，是一点不为过的。有关秦淮河的诗词，主要出自《全唐诗》《唐诗三百首》《全宋诗》《全宋词》《全明诗》《全明词》《秦淮诗钞》，以及卓人月编选的《古今词统》、钱谦益编选的《列朝诗集》、沈德潜编选的《清诗别裁集》、朱彝尊编选的《明诗综》、聂先和曾王孙编选的《百名家词钞》、王昶编选的《国朝词综》、徐树敏及钱岳编选的《众香词》、徐世昌编选的《晚晴簃诗汇》，以及无法计数的个人诗词专集。到了明清时期，文人唱和结社蔚然成风，成为时尚。尤其城南一带的诗人，痴迷雅集活动，甚至超越了社会阶层、门第高低、贫富差异的界限。因此，这一时期秦淮诗歌数量出现爆发式增长态势，就连秦淮河边休闲场所的女子，也以能诗会曲为荣。据粗略统计，古人所写的秦淮河诗歌，已知的不少于十多万首。

秦淮河诗歌不仅数量多，而且其中也有不少上乘之作，代表了南京特定的历史情结和文化形象。《唐诗三百首》中描写秦淮的诗歌计有八首：其中李白有《长干行》《登金陵凤凰台》《金陵酒肆留别》三首，崔颢有《长干行》二首，刘禹锡、杜牧和韦庄有《乌衣巷》《泊秦淮》《金陵图》各一首。此后，优秀词作如雨后春笋，代有名篇：南唐有李煜的《浪淘沙》，宋有辛弃疾的《水龙吟·登建康赏心亭》、姜夔的《杏花天影》、文天祥的《酹江月·驿中言别友人》、周邦彦的《西河·金陵怀古》，元有萨都剌《满江红·金陵怀古》，清有郑燮的《念奴娇·长干里》、吴敬梓的《买陂塘》等。自唐代以后，形成了以诗仙李白等人领军的大诗人、大词

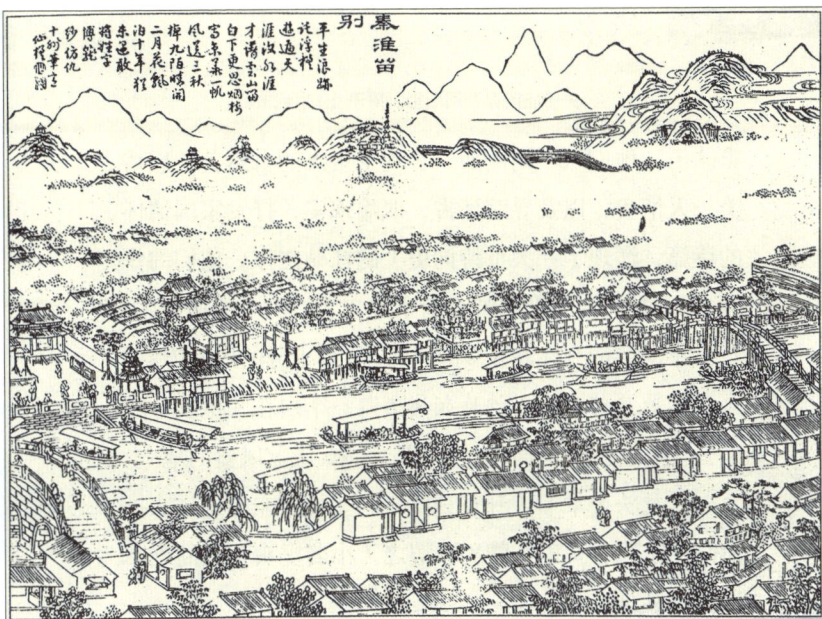

秦淮河历来是文人迎送的风雅之所，图为清版画《秦淮留别》

夫子庙前秦淮河旧影，摄于 19 世纪末

家队伍，他们从不同侧面，表现了秦淮的自然美、风俗美、人情美，以及寻踪怀古，讽喻现实，抒发家国情怀的诗篇，涌现了一大批诗词史上的扛鼎之作。他们的作品，无疑是后人打开秦淮和南京人文之门的一把把钥匙。

秦淮诗词有许许多多的名句，写得十分的形象传神：

"地扇邹鲁学，诗腾颜谢名"。李白在《留别金陵诸公》里，盛赞秦淮河畔是个儒学气浓、诗歌风盛的地方。

"虎头金粟影，神妙独难忘"。杜甫在《送许八拾遗归江宁觐省》里，赞美顾恺之（小名虎头）画的维摩诘像神妙难忘。

"落日楼头，断鸿声里，江南游子，把吴钩看了，栏干拍遍，无人会、登临意"。辛弃疾在《水龙吟·登建康赏心亭》里，表达了沉痛悲愤、激昂慷慨的爱国主义精神。

"杨柳风千树，笙歌月一船"。顾梦游在《秦淮夕泛》里，感受到了秦淮河的别样风致。

"只有秦淮一片月，溶溶无意照千秋"。乾隆帝在《题宋院本金陵图》里，描绘了秦淮月深含的历史韵味。

"香销烛灺，看丁字帘边，团团寒玉，又向板桥挂"。吴敬梓在《买陂塘》里，看见丁家河房窗外的圆月像块

19 世纪末的夫子庙既是文人的风雅之地，也是市井繁华之所

冷玉，挂在长板桥上空。

"独上高台寻六代，多少江山，都在斜阳外"。吴绮在《凤栖梧·凤凰台》里，登上凤凰高台，借古叹今，追忆历史沧桑。

"杜牧当年问酒来，沿村红杏倚云栽"。周宝偀在《杏花村》里，沿着杜牧借问酒家时走过的小路，眼里的杏花连着满天云霞。

当我们欣赏了文人大家的吟咏，便会心生感悟：秦淮河里的悠悠清波，之所以蕴藏着无穷魅力，是因为它日夜荡漾着多情不绝的恋歌；秦淮河畔的古街旧巷，之所以蕴藏着无穷魅力，是因为那些马头墙、花格窗，都是用唐诗宋词的句子搭建而成；秦淮河边的人文景观，之所以蕴藏着无穷魅力，是因为它们早就融汇于诗人的奇思妙构之中。随着朝代兴衰，历史上的一些遗迹早已化作诗人们热爱秦淮河的文化形象！

一句话，经过秦淮河洗濯过的诗歌，就是有情味，就是有情怀。为什么会如此？是因为在中国地理、政治和文化版图上，秦淮是个独特的地方。就地理位置而言，南京乃是南北交汇之地，秦淮又为风雅之邦，山温水软，适于游历；就景观环境而言，亭台揽胜，林泉可餐，便于雅集；就人文氛围而言，小园隐逸，世外风情，便于创作；就政治特质而言，江山兴废，任人感慨，便于进

明媚春色里的秦淮河

退。秦淮就是这样一个让人可游可居、可玩可乐、可歌可泣和可退可隐的所在，是专业与非专业的诗人们魂牵梦绕的精神家园。

秦淮河自有诗人的气质和品格，无论是浪漫主义，还是现实主义，也无论是豪放之气，还是婉约之风，它都以风风雅雅、缠缠绵绵、悲悲烈烈、坦坦荡荡的诗词语言，凝结成一个个如缕如烟的文化符号，荟萃成一幅幅穿透时空的城市名片，荡漾着古都南京的不朽神采。

清末夫子庙、桃叶渡一带景观

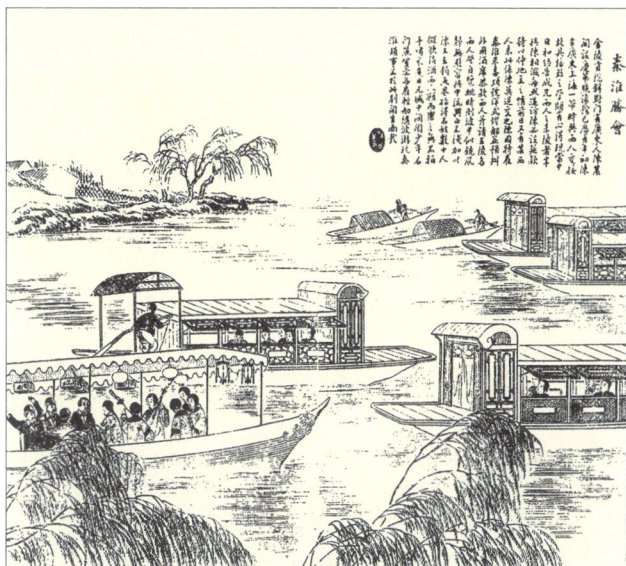

《秦淮胜会》反映了古时候文人骚客于秦淮河上雅集的盛况

　　一水秦淮，阅尽兴亡。秦淮河，好似一条用诗歌来
述说历史文脉的河流……或舒缓，或激越；或深情，或
浪漫，这就是浸透着儿女情长的中国诗河，这就是映照
着朝代兴亡的中国诗河！

帝京门户

雄踞十里秦淮中心点的中华门瓮城，被人们称为最有"王者之气"的帝京门户！

中华门是南京城的正南门，也是"六朝古都、十代故都"的南大门。正对南大门的中华路自从南唐开辟御道以来，历经了千年繁华。1928年国民政府改聚宝门为中华门。1929年4月由国民政府主席蒋介石题额。1982年，它被列为国家级文物保护单位，成为展示南京帝都气概的一大名片。

中华门国家级文物标志碑

中华门内的一道道瓮城

　　在中华门设置南京城市的南大门，已有近 1800 年
的历史，这在中国历史上也是罕见的都城南门。孙权坐
上了东吴皇帝的宝座，南京终于有了自己的南大门——
大航门，门前有座大航桥，也叫南津大桥。孙吴末期大
航门改名朱雀门，南津大桥改名朱雀桥（朱雀浮航），
东晋、宋、齐、梁、陈五朝沿用。南唐李昪在隋文帝将
六朝都城夷为平地的基础上再次筑城。他觉得南京城不
够大，就把朱雀门从秦淮河的北岸移到南岸 200 米处，

从而把秦淮河圈进城内，这样一来，城门外又挖了一道护城河，即"杨吴城濠"，就是今天的外秦淮河，在护城河上建造了一座大桥，直通城外，就是今天的长干桥。南宋陪都建康府、元代集庆路继续沿用前代的南门。

　　中华门的前世今生，大不一样。六朝是偏安一隅的政权，所以"国门"也不起眼；可是到了大一统的大明王朝，那就今非昔比了。此时的国都南门陡然来了个华丽转身，变得巍峨壮观，一下子成为都城之南雄伟高大的门户，而且如此的无与伦比！

　　明太祖朱元璋采纳谋士朱升"高筑墙"的建议，依

着南京山川形势，建起规模宏大的京师城池。洪武十九
年（1386），南京城墙全都建好了，只剩下中华门还没
竣工，成了收尾工程。朱元璋十分重视南门建设，要求
不仅牢固易守，还要高大美观。于是他在南唐旧南门的
基础上，重新设计，大规模扩建，建成了世界上最大的
瓮城式城门，取名聚宝门。

　　中华门瓮城的城台高度达 21.45 米，如果加上最上
面的三层镝楼，整体高度 30 多米。瓮城东西宽 118.5 米，
南北长 128 米，占地 15168 平方米；三道瓮城南北 21 米，
东西约 58 米；藏兵洞 27 个，瓮城内城门左右各 3 个，

中华门和南京城新貌

主城二层 7 个，东西侧基各 7 个；马道左右各 1 条，长
96.5 米，宽 11.5 米；城门宽 5.25 米，高 5.4 米；瓮门宽 4.86
米，高 5.4 米；雉堞 27 个，高 0.65 米，宽 0.42 米，厚 0.43 米；
射口长 0.8 米，宽 0.7 米；闸楼高 20 米，宽 7.6 米；瓮城
墙高 9.4 米。这是全世界所有现存瓮城中最有气势的。

中华门曾经有过高耸的镝楼。三重歇山顶建筑，
每重屋面峻拔，碧瓦鳞鳞；四面有立柱回廊，落地长
窗；四角飞翘，风铃叮当。完整的中华门瓮城是由巨石
城台和镝楼两部分组成。镝楼建于城台之上，高于北京
正阳门箭楼。因为现在的中华门城台已经很高，再加上
镝楼雄踞其上，那是很有视觉冲击力的。中华门灰白的
石色与多彩的镝楼形成鲜明对比，那又是怎样的气吞山
河的壮美图景！到了清代，镝楼圮坏，已经变成江宁

1936 年的中华门全景

府的南京因财力有限，重建镝楼时只得"瘦身"，变小了一号，但仍可看出故都的壮美。1937年侵华日军攻打中华门之际，曾经的镝楼在侵略者炮火之下轰然倒塌。

20世纪八十年代中华门瓮城鸟瞰

中华门瓮城固若金汤，不仅在长矛大刀的冷兵器时代，是来犯者无法越过的屏障，就是进入火器时代，也是攻城之敌的鬼门关。它面对城外的，是如悬崖绝壁般的城台，从上到下全是条石砌墙，再加上危耸的镝楼雄视八方，任何来犯之敌插翅都难越过。在当时仅靠人力攻城器械，一般只能对8米高的城墙构成威胁。面对中华门，任何攻城军队只得束手无策，望城兴叹。

中华门瓮城上的藏兵洞

　　说起中华门，就会让人想到"瓮中捉鳖"的成语。瓮城大体呈"目"字形。四道横划是东西走向的城墙，两道竖划是南北走向的城墙。最上面一横就是主城的城墙，全部用巨型条石砌成。其它城墙都是砖石混合结构。"目"字里的三个空框，就是三道瓮城。这瓮城设计理念，颇有瓮中捉鳖的意味。所谓瓮城，有两层意思：一是瓮城的样子像个巨大的陶器；二是可进不可出，达到瓮中捉鳖的效果。中华门的三道瓮城，每道都有千斤闸，当千斤闸落下后，入侵之敌被分割成三块，便于各个歼灭，这就是瓮城军事上的特点。瓮城藏兵洞起到隐蔽力量、诱敌深入的作用，而且这些藏兵洞处于上下左右不同位置，保证兵力布署上没有盲点和死角。藏兵洞可藏兵3000人，这是敌方万万没料到的隐蔽力量。一旦千斤闸落下，洞内士兵就会冲杀出来，任何来犯之敌只有死路一条。瓮城和藏兵洞的结合，防中有攻，反手反击，是纯粹防御性工事中带有进攻性质的设计。

中华门是个有故事的地方。关于它的民间传说很多，其中就有江南首富沈万三与皇帝朱元璋的搞笑故事。说是在中华门建造之初，地基总是下陷，前面才打好基础，后边又陷了下去，致使城门造不起来。皇上非常着急，军师刘伯温掐指一算，启奏说城门地基下原来有头怪兽，专吃泥土和城砖，如果在地基下埋一个聚宝盆才能压得住。理由是聚宝盆可以一变十、十生百。怪兽吃

中华门登城马道

日军侵华时期的中华门

土时聚宝盆就会生出许多新土，就地填埋，这样就确保地基不再下陷。于是朱元璋立刻下旨，"借来"沈万三的聚宝盆，说好次日三更天归还。聚宝盆一拿到工地，即刻埋压下去，地基果然不塌陷了。可是沈万三眼巴巴地等啊等啊，早已过了三更，就是听不到打更的钟声。他一连等了好几天，还是不打三更。后来得知，南京从此不再打三更钟了。官府不还聚宝盆，沈万三去索要，一下得罪了朝廷,结果全家被发配到西南荒蛮之地去了。

　　中华门是石头和城砖凝固的史书。瓮城由巨型条石、大砖砌成。在钢筋混凝土的现代建材尚未出现之前，人造建筑物所能用的最坚固材料就数石头了。中国古代的碑刻能保存到今天，就是因为碑刻的材料是石头。金字塔能保存到今天，也因为它是石头建造的。在面对强敌的时候，中华门瓮城是一道高不可攀的石壁，能够撑住明代的京都安危。历经多少历史烟云，尽管是弹痕累累，风雨剥蚀，都不能撕毁穿在中华门身上的这件巨石外衣！十朝故都的南大门，至今仍然屹立在内外秦淮河之间。它有如一部城砖和石头书写的史书，让人们站在这部皇皇巨著面前，去检阅历史，展望未来。

贡院 "首斯邦"

　　夫子庙贡院街东段，江南贡院牌坊赫然屹立。坊柱上挂有两副楹联，其中间楹联为中国书法家协会副主席、孔子门生言子的后裔言恭达所书：

　　　　圣朝吁俊首斯邦，看志士弹冠而起；
　　　　天府策名由此地，喜英才发轫而前。

　　此联出自明末清初文化全才、楹联大家李渔手笔。联语大意是：本朝招延俊士，第一个看重的就是夫子庙贡院，总看见报效国家的志士踊跃前来应试；到朝廷去做官，必须经由此地考试中榜，高兴地祝愿英才们的人生从这里启程。

　　明清时期，为什么朝廷如此看重南京贡院，称它为

1905 年科举考试废除后，考场弃用，渐成破败之势

"首斯邦"？因为江南出才子，早已有定论。更因为这里的贡院是才子俊彦的盛产之地，这也早已成为定论。入清以后，从此处考出去的人才，更加印证了夫子庙贡院"首斯邦"的说法。清代科考共举行 112 科，在全国十多个省级贡院中，仅在南京贡院乡试中举后，再经殿试考中状元者，江苏籍 49 名、安徽籍 9 名，共计 58 名，占全国状元总数的 51.78%。

　　清初全国设立 13 个行省，江苏、安徽和江西一部分合为江南省，故南京贡院从此又称"江南贡院"。江南省本是人口大省，又十分崇文重教，故而儒学昌隆，无论城乡都有着深厚的科举基础。每到三年一次的乡试秋闱，各府县举子水陆并进，赶赴南京，因而江南贡院这个考场重地，自然成了他们"鲤鱼跳龙门"的福地。

　　江南贡院，在读书人眼里，是改变人生命运的地方；

可是在皇帝和官员眼里,是选拔经国之才的地方。因而朝廷和地方政府一向重视贡院建设,到十九世纪下半叶的晚清时期,已发展成为最大的乡试考场,占地约30万平方米。它东起姚家巷,西至贡院西街,南临秦淮河,北抵建康路,为夫子庙地区第一大建筑群。

气势恢宏的江南贡院,布局上并不规整,它是依据夫子庙区域秦淮河及奇望街(今建康路)道路走向逐步扩建起来的,在平面图上呈现不规则的折扇形状。在贡院东西各有一座辕门,东辕门在桃叶渡旁,西辕门在现今的奇芳阁处,门顶上飘着黄龙旗。一看辕门,就能让人感受到文场大战的氛围。

江南贡院大门面对秦淮河,大门有门厅五间,中开三门:中门有"贡院"匾额,朱底黑字,甚是威严;左右门额为"辟门""呼俊",两侧各有石狮子护卫。大门东西还各有石牌坊一座,坊额分别为"明经取士""为国求贤"。走到正门下,举子们无不感受到朝廷选才的凛然正气。

稍北为贡院二道门,即

晚清时的江南贡院"明经取士"牌坊

仪门。此门也
有五门组成，
其中间门额高
悬康熙皇帝御
书的"天开文
运"四个金字，
东面两门上方
分别有"搏
鹏""振鹭"

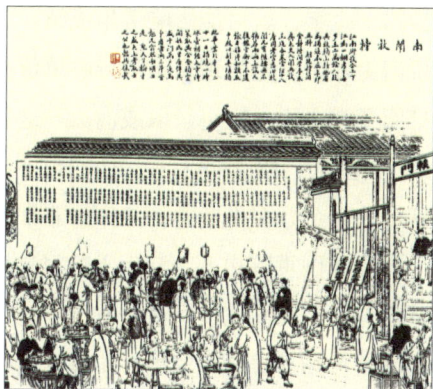
《点石斋画报》中的"南闱（江南贡院）放榜"图

匾额，西面两门上方分别有"起凤""和鸣"匾额。从
此经过，给人以皇家降临文运的感觉，而且举子们个个
都会顿生鹏程万里的渴望。

再向北就到了贡院三道门，即龙门，其义有鲤鱼跳
龙门的意思。就是说，在龙门里考取者，就成了"龙"，
落榜者仍为"鱼"。进入龙门，便是分布在明远楼四周
的号舍。它是举子考试的地方。考生白天答卷、晚上睡
觉，都得在这四尺宽的狭小空间里。

除了占地广大的号舍，江南贡院还有一些重要设
施。明远楼为贡院最高建筑，是考试指挥中心，站在明
远楼上眺望，考场内每个角落尽收眼底。再向北是考场
管理官员工作的至公堂。每当乡试成绩出来以后，抄写
龙虎榜的地方，就叫戒慎堂。誊录人员十分严谨，只要

抄错一个字，就可能影响考生成绩。飞虹桥南北有别，桥南为外帘，是管理乡试的行政单位；桥北为内帘，是批阅考卷之所，决定录取或淘汰。这里有 1 名主考官、2 名副主考、18 名同考官。他们与外界完全隔离，并限期批改完 2 万多份考卷，工作量非常大。

在我国贡院史上，江南贡院很是特别。它除皇宫殿试之外，大凡县试、府试、省级乡试，甚至国家级会试的诸级考场都曾设在这里，所以江南贡院不辱使命，曾经长期担当过为朝廷贡献大批人才的重任，经历了由小到大的发展历程。

南宋孝宗乾道四年（1168），江宁知府史正志在此创建府、县学考试场所。起初面积不大，应考人数不多，遇考生增多时，则借用寺庙举行考试。

江南贡院牌坊

清末举子们正在鱼贯进入贡院考场

　　朱元璋定都南京后，集乡试、会试于此。后来朱棣迁都，南京为留都，改为乡试考场。因江南地区人文荟萃，参考士子日益增多，原有考场显得狭小，朝廷便没收靠近贡院的罪臣纪纲府邸，又取怀来卫指挥使陈彬家人、忠勇伯家人等处的房舍改建贡院。

　　太平天国期间，贡院成了大粮仓。湘军平定太平军后，两江总督曾国藩首先整修贡院设施，恢复中断了14年的科举。但他很快被调走了，走马上任的是署理两江总督李鸿章。江南贡院是李鸿章的福地，他的举人身份就是在此考取的。所以李鸿章对江南贡院建设无比重视，在他手上大力扩建，已经形成一座拥有2万多间号舍的考场，另有主考、监临、监试、巡察以及同考、提调执事等官员的办公用房，与北京顺天考场并称"南

明远楼夜色里的倒影

南京中国科举博物馆地面景观

闸"与"北闸"。

1905年清廷下诏，废除科举，就这样有着700多年历史的科场寿终正寝。至此也正式宣告：在中国实行了1300多年的科举制度最终画上了句号。1918年江南贡院大部分被拆除，辟为市场，只保留了明远楼、至公堂、衡鉴堂及少量号舍。1989年，成立江南贡院科举陈列馆。2016年，在江南贡院原址处，又建成规模宏大的中国科举博物馆。

科举制废除以后，关于它的利弊得失学术界已有公论，历史也做出了公正的评判。科举制度自隋代发端到清末废止，其影响极其深远。它在打破世卿世禄制和察举制，遴选人才，促进教育，繁荣文化，促进社会教化，加强君主制的中央集权等方面具有诸多积极作用；

但是它的流弊也是显而易见的，尤其在明清时期，由于八股取士，限制了人们的思想，致使广大知识分子中的不少人成为范进式的庸才腐儒，流弊无穷，也阻碍了自然科学进步，从根本上阻碍了中国社会政治经济文化发展。到了清末，许多有识之士竭力上书，呼吁废除科举，尽管朝廷顺应历史潮流，可还是难以挽回封建统治覆灭的命运。江南贡院可以说是科举制由盛而衰的一个实物标本。

作为中国古代贡院乡试的翘楚，江南贡院不只是考场规模大，走出去的人才多，其中一个亮点就是众多大名人、大文人与它有关。朱元璋坐上龙廷之际，朝廷急需人才。洪武三年他就诏告天下："非科举者，毋得与官。"翌年明廷在贡院举行科考，选出一大批人才。历史上南京第一个乡土状元，是南唐的卢郢，其后还有明代的焦竑、朱之蕃，清代的秦大士、黄思永等人。从贡院走出去的状元，要数黄观出类拔萃，位列中国科举第一人。他从秀才到状元，经过县考、府考、院考、乡试、会试、殿试六次考试，一

1910 年的江南贡院。此时科举已废除五年，其内荒无人迹

乾隆时期秦淮状元秦大士故居大厅

路独占鳌头，时人赞誉道："三元天下有，六首世间无。"
在燕王朱棣"靖难"之役中，黄观不肯投靠新主，而为
建文帝投江殉难。秦淮人为缅怀他的崇高节操，在夫子
庙秦淮河边建了座黄公祠作为纪念。画家唐寅、郑板桥
也出自贡院。翁同龢和张謇一个为官，一个从事实业，
都是清末名人。有几部古典名著的作者，也曾与贡院科
考有关。举人施耐庵不爱做官，却写出了《水浒传》；
吴承恩、吴敬梓在此屡试不第，却开辟了人生的另一番
天地，二人分别创作出《西游记》和《儒林外史》。这
三部长篇章回小说，都是彪炳文学史册的重量级作品。
明清名臣胡惟庸、刘伯温、林则徐和左宗棠，也曾在此
当过贡院考官。

秦淮八艳

　　一提及"秦淮八艳",人们往往脱口而出:一群知名的妓女。此言乃是误解。"秦淮八艳"之类的女性,具有几个特点,一是美貌,二是有才,三是侠义,四是重情,五是有节气。这是秦淮历史上最美丽、最忧伤、最有温度的一个话题。她们共同构成了明清易代大历史里的一串耀眼的文化符号!

　　十七世纪初中期的中国,社会动荡,风雨飘摇,正是江山鼎革的大动荡时期。明末官场的腐败,清军的入侵,南明小朝廷醉生梦死,灯红酒绿,挥金如土,而一批以文人为主体的进步团体"复社"人士奔走呼号,忧国忧民。

　　在这样一个大时代、大转折里,位于"江南佳丽地,金陵帝王州"的秦淮河一带,仿佛一座广阔的历史舞台,

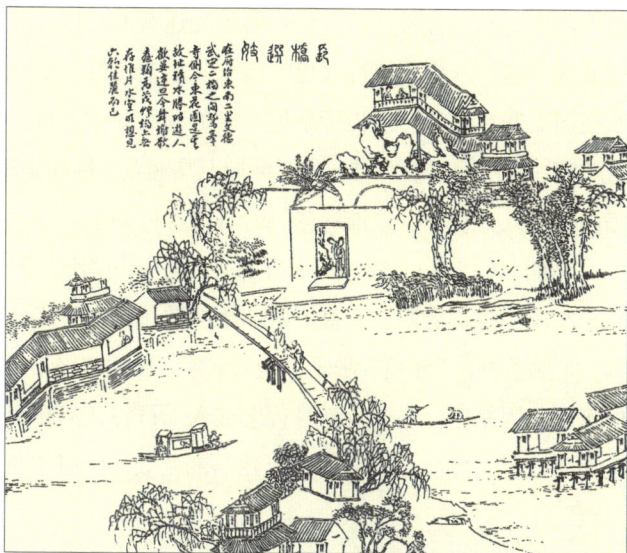

清代金陵四十八景中的"长桥选妓"之景

活动着许多美女诗人、美女画家、美女琴家、美女歌者和美女舞者……她们爱国忠贞，侠骨丹心，忠于爱情，琴棋书画无所不精，诗词歌赋各具风韵。她们的美貌，她们的侠义，她们的命运，编织成了一首首可圈可点的人文史诗。

因此可以说，秦淮河是我国历史上最浪漫、最多情、最忧郁的一条河。依附于秦淮河而生存的"秦淮八艳"，恰是众多丽人中芳华绝世的代表。

所谓"秦淮八艳"，是指明末清初时期艳迹南都、蜚声江南的八位青楼佳丽,她们曾经流连秦淮,后人故有此谓。这"八艳"何许人也?清末叶衍兰所撰《秦淮八艳图》册,将余怀《板桥杂记》中的顾眉、卞玉京、董小宛、寇白门、李香君五人,再加上马湘兰、柳如是、陈圆圆三人,合称"秦淮八艳"。八人小传如下:

马湘兰(1548—1604)原名守真,字阮儿,小字月娇,由于在家中排行老四,人称四娘。她能歌善舞,喜诗会画,尤擅兰竹,"湘兰"便成了她的名字。居住东园(今白鹭洲)因是庵。马湘兰终身苦恋文人王百谷,但却有花无果,令人惋惜。2006年,复建马湘兰故居,曰"湘兰苑"。

坐落于白鹭洲的湘兰苑,是明末名妓马湘兰寓居之所

柳如是（1618—1664）浙江嘉兴人，姓杨名爱，出嫁后改名如是。2岁父母双亡，后被卖入妓院。年轻时爱穿男装，喜交爱国志士。诗书画曲皆精。她23岁时嫁给59岁的文坛领袖钱谦益。有《戊寅草》《湖上草》《寒柳集》诗集、画作等作品传世。

柳如是绘画小品

陈圆圆（1623—1695），原姓邢，名沅，字圆圆，养母陈氏养大，后改陈姓。容辞娴雅，额秀颐丰。18岁时隶籍梨园。每一登场，观者断魂。一度寓居秦淮河畔。其时对她追求者不计其数，最后嫁给因她而"冲冠一怒为红颜"的吴三桂。

寇白门（1624—？）名湄，字白门，娟娟静美，跌宕风流。能度曲，善画兰，知拈韵，能吟诗。17岁嫁给保国公朱国弼。朱降清后遭软禁，便打算把寇白门和财产卖掉以自保。寇白门筹得银两，将朱保释。朱欲破

明末清初金陵八家之一樊圻绘制的寇白门小像

镜重圆，但被拒绝。

顾媚（1619—1664），字眉生，又名眉。庄妍靓雅，风度超群，鬓发如云，桃花满面。通文史，善画兰，时人推为南曲第一。居住夫子庙顾楼街。嫁给"江左三大家"之一的龚鼎孳为妾。她曾勇救抗清义士阎尔梅脱险。大才子袁枚称赞她"侠骨嶒崚"。

卞玉京，名赛，自称玉京道人。知书，工小楷，善画兰、鼓琴。谈辞如云，一座倾倒。其父乃南京户部郎中，遭阉党陷害，她遂沦入教坊司。与诗人吴梅村相恋，因吴顾虑其身份影响前程，便中断恋情，她便遁入空门。

李香君原名李香，身躯矮小，肤理玉色，慧俊宛转，调笑无双，人谓之"香扇坠"，为教坊司名妓。由于家贫被鸨母李贞丽收养，教以琴棋书画，样样皆精。其故居媚香楼在石坝街上。因她为《桃花扇》传奇女主角，故而芳名远播。

董小宛（1634—？）名与字和大诗人李白相同。本名董白，字小宛，一字青莲。天姿巧慧，容貌娟妍。十多岁时，顾影自怜，针神曲圣，食谱茶经，莫不精晓。15岁时沦落风尘。后与才子冒辟疆结识，从此两人情投意合，琴瑟和鸣。

媚香楼还是旧时的模样

上述"八艳"，有一个历史形成的过程。从晚明至清代，文人乐于在秦淮一带从事文艺职业的女性和妓女中评选名次，根据相应名次配以一种花卉，称为花案。

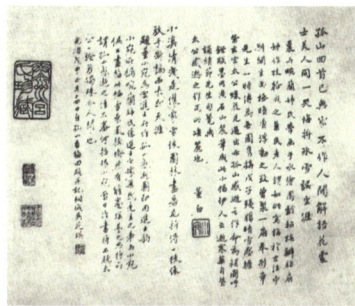

董小宛题"梅花"书法

评品花案是那个时期的风尚。

崇祯十二年（1639）七夕之夜，在桃叶渡某河房举

办了一次花案评选，地点就在方以智暂居的水阁里。方
以智是著名的思想家、哲学家，明末复社"四公子"之
一。这天方以智寓居的河房大门前车马盈门，堵塞了长
巷，河房下停泊的画舫多得令河道不畅。三班戏园子的
女演员也登台竞丽，最后，状元被一个名叫王月的名姬
夺得。评委当然是文人贤士，获奖者各有评审题诗，王
月的题诗为："月中仙子花中王，第一嫦娥第一香。"

《莲台仙会品》记载：明代嘉、隆年间，一次花
案评选在桃叶渡南面的鹫峰寺举行。评选活动先举办诗
社，通过诗社评选优劣。以官阶和科举名次列榜，同时
配以一种花卉。这在当时已很流行。

明代天启元年（1621），潘之恒在《金陵妓品》
中提出选美的四个标准："一曰品，典则胜；二曰韵，

风仪胜；三曰才，调度胜；四曰色，颖秀胜。"这是嘉靖四十年（1561）的选美标准。判别秦淮河女子的标准，在《观姊妹之十全》中，从十个方面加以评定，依次是："文雅""脱俗""翰墨""技艺""歌唱""丝竹""泾渭""风情""停当"和"苏样"。

不同时期评审标准，代表了不同的审美取向；但有一点是共同的，品评秦淮女子的标准，不独为漂亮的脸蛋、婀娜的身材，还要看人的综合素质。

那时秦淮河边女子的审美取向，往往会迅速成为社会时尚，成为引领全国的风向标。《板桥杂记》记述：

南曲衣裳装束，四方取以为式，大约以素雅朴素为主，不以鲜华、绮丽为工也。

《秦淮八艳图》（诸辛耕绘）

　　秦淮河南曲（官营妓家）中女子的服饰，成了各地女子竞相效仿的式样。它以清雅、朴素为主，而不以艳丽华奢取胜。就是说，明末南京是陪都，又是江南佳丽地，较之都城北京，个性更张扬，思想更开放，秦淮自然成了时尚潮流的发源地，而佳丽群芳也自然成了时尚潮流的先行者、领跑人。

　　在长期的品评花案过程中，形成了秦淮"前四美人""后四美人""秦淮八艳""金陵十二钗"和"金陵百媚"等不同的群芳谱。其实这些提法的形成，不只是来自品评花案活动，它更主要的是有着深厚的社会文化土壤，比如《板桥杂记》《续板桥杂记》《秦淮画舫录》《画舫余谭》《清稗类钞》等许多书籍，都记载了秦淮河上的风情逸事。有关"秦淮八艳"提法，清末叶衍兰应是第一人。

　　一直以来，那些"秦淮八艳"往往被贴上色情的标签，一言以蔽之：妓女。这其实是误会。我国古代一般将"妓"分为两类：第一类将卖艺之妓，称为艺妓。她们有的精于诗、词、书、画，有的擅长歌、舞、琴、棋，用现在的话说，就是文艺工作者。此类妓女卖艺不卖身，只不过靠着自己的才艺吃饭罢了。第二类将以卖身为主的女子，称为娼妓。秦淮娼妓主要发端于洪武年间，明太祖朱元璋设立的十六楼"以处官妓"，隶属教坊司管理。此后，私家娼妓也随之兴盛。而"秦淮八艳"大多属于前者。

每当人们谈及"秦淮八艳"，不免将她们比作"红颜祸水"，这就好像找到了南京历史上短命王朝的根由。较有代表性的说法，就是唐代杜牧的《泊秦淮》：

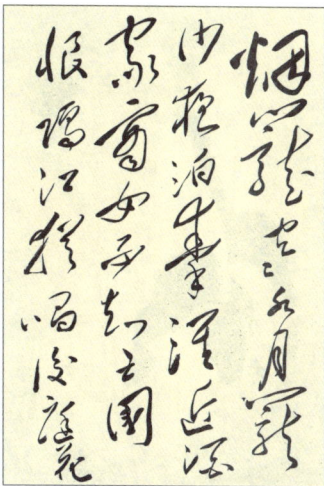

毛泽东手书杜牧的《泊秦淮》

烟笼寒水月笼沙，夜泊秦淮近酒家。

商女不知亡国恨，隔江犹唱后庭花。

杜牧诗中的"商女"，并非是人们想象中的卖淫女，她们大多是依附于酒肆茶楼的歌舞伎。杜牧的四句诗，似乎给秦淮河定了性：南京历史上一些短命王朝的覆灭，都是"红颜祸水"使然。六朝金粉，纸醉金迷。诗人在晚唐时来到秦淮河畔，还隐约听到陈后主《玉树后庭花》的歌声，那是从歌女的红唇间唱出来的。这似乎告诉人们，南京历史上王朝短命的原因，一言以蔽之曰：都是歌女惹的祸。因为六朝除了东晋政权统治 103 年之外，

陈后主像（唐人绘）

其余朝代都不太长。特别到了陈后主的时候，他无心治理朝政，荒淫无度，整天泡在歌楼舞榭里打发时光，他正是在自己御制的《玉树后庭花》的靡靡之音里断送了陈朝。像陈后主这样缺少治国本领、没有出息的帝王，只能是他本人和那个朝代的悲剧,怎能把亡国之罪归之于秦淮河？归之于音乐？又怎能把亡国之祸，归之于以卖唱为生的秦淮歌女？

据乡邦文献记载，秦淮河畔的红粉佳人是属于比较特别的一类，她们中的一些人明辨是非，忠于爱情，很有气节。明末东林复社名流，大多有抗清复明思想，不少秦淮丽人紧紧追随；阮大铖等权奸官宦，即使以金银利诱，也沾不到她们的边。在"八艳"之外，有一位叫葛嫩的秦淮名妓，她与情人、抗清志士孙克咸被清军俘获，"主将欲犯之，嫩大骂，嚼舌碎，含血喷其面，将手刃之"。清军主将见葛嫩十分姿色，便想占有，葛嫩大骂，嚼碎舌头，连同满口的血液喷到那主将脸上，主

将气急败坏，一刀刺死葛嫩。誓死不从的葛嫩，与情人
孙克咸一起殉难。她的死，何其慷慨，何等壮烈！

　　此处，不妨将杜牧诗句改动一字，变作"商女亦知
亡国恨"，也许更加符合历史的真实。

南都绝唱

　　桃叶渡休闲街区，有一座知名的曲艺场所永熙茶楼。茶楼舞台上方高悬一匾：南都绝唱。

　　这"南都绝唱"匾额，原是有来历的。

　　明末清初时候的文人冒襄，曾经写诗称赞柳敬亭嬉笑怒骂的说书艺术：

　　　　游侠髯麻柳敬亭，诙谐笑骂不曾停。

　　　　重逢快说隋家事，又费河亭一日听。

　　柳敬亭（1587—1670），苏北人，原本姓曹，因在家乡路见不平，打死一横行乡里的地痞，负命案流落江湖。又因居无定所，常常休憩于河边柳树下，改柳姓。他18岁学说书，很快在夫子庙长吟阁崭露头角。

　　长吟阁，是一处曲艺说唱场所，位于桃叶渡东侧。它东有"十里秦淮"入城的东水关、钓鱼巷、逍遥楼、秦淮水亭，南有白鹭洲、回光寺、鹫峰寺、长板桥、马湘兰宅、旧院曲中，西有桃叶渡、利涉桥、邀笛步、丁家河房、文庙学宫、江南贡院，北有青溪、淮青桥、青溪小姑祠、洞神宫、江总宅等许多人文胜迹。可见，那时长吟阁一带是何等的繁盛！

　　柳敬亭生来一副黑脸膛，满面疙疙瘩瘩；但他是天生的说书料子，一件事情别人说不顺溜的，到他嘴里把死的说活了，活的说死了。柳敬亭最擅长说《景阳冈武松打虎》的故事，整个南京人没人不喜欢的。可他一日说书一回，定价一两。十天前先送书帕预定，常常爆满还订不到。他说起书来，对人物和事物刻画微入毫发，干净利落，并不唠叨。情绪高亢时，声如巨钟；说至筋节处，叱咤叫喊，汹汹崩屋。比如武松到店里买酒，店内无人，忽地一吼，店中空缸空甓皆瓮瓮有声……柳敬亭说书绘声绘色，具有强烈的现场

柳敬亭像（清代曾鲸绘）

感，听众如临其境，艺术感染力极强，名震大江南北，人称"南都第一"，又被南京人称为"书绝"、"绝唱"。不了解他的人，以为他是南京人，好多书迷都叫他"南京柳麻子"。

柳敬亭说书有名气，气节崇高，受到许多有识之士的赞赏。戏剧家孔尚任在《桃花扇》里写道：

老子江湖漫自夸，取今贩古是生涯。
年来怕做朱门客，闲坐街坊吃冷茶。

明末清初时期的石巢园，是奸佞文人阮大铖在门西的园墅（诸辛耕绘）

孔尚任道出了柳敬亭甘于清贫，不结交、不依附奸党权贵的品格。明末时清军大举南下，原属阉党的阮大铖加入了奸臣马士英等人拥立的"南明"小朝廷，做上高官。为了庆贺自己升迁，阮大铖准备在家里办堂会，便去邀请柳敬亭捧场，到他阮家的石巢园说书。

柳敬亭说书青铜雕塑

　　这天，柳敬亭正在家里用花生米下酒，阮大铖提着烧鸡老酒，一摇三摆走了进来。柳敬亭一瞧，来人是奸人阮大铖，就不理睬他继续喝酒。阮大铖笑嘻嘻上前，说是送酒送菜送银子来了，并说自己当了大官，找一班人热闹一番，特地请柳敬亭去他家说书。说完话，放下酒菜，又拿出一只银元宝放在桌上。

　　柳敬亭二目一瞪，让他把酒菜、银子拿回去，坚拒不收。阮大铖又拿出一只大元宝，柳敬亭突然起身，毅然把酒菜、银子和元宝全都扔到门外。阮大铖自讨没趣地走了。因为柳敬亭早就知道阮大铖陷害民族义士的事

当代相声大师张永熙（左）和弟子杨贵宝（右）在桃叶渡茶楼演出

情，宁愿不做这笔生意，也不要奸人的丰厚报酬。

经历了明朝覆灭的亡国之痛，柳敬亭一方面借说书抒发内心的苦痛，同时还写了不少说唱作品，他在《秣陵秋》长词中写道："落你兴亡几点泪，读千古，慨半生湖海，一声高唱万山惊！"激昂的词句，被称为气壮山河、撼人心魄的历史悲歌！

看来，永熙茶楼"南都绝唱"匾额，不是随便挂的。明末清初柳敬亭的《秣陵秋》，唱出了那个大动荡时代一大批人的慷慨悲愤。

《儒林外史》出秦淮

吴敬梓（1701—1754），字敏轩，安徽全椒人。出身于科甲鼎盛的望族，先人显赫一时，曾祖是明末的探花，叔祖是榜眼，积有万贯家财。传到吴敬梓手中，偏偏他书生气十足，不到十年，把祖遗积蓄花得精光。33岁那年，他举家从老家迁到南京秦淮河畔的——秦淮水亭。所谓水亭，是"十里秦淮"沿岸河房的一种。它是"青砖黛瓦马头墙，回廊挂落花格窗"的南京民居，

吴敬梓雕像

吴敬梓一家迁徙秦淮河畔的情景雕像

因临水而建，外观像亭，故叫水亭。

雍正十三年（1735）一个隆冬的中午，吴敬梓正在书房里撰写《移家赋》。他一边吹着气，呵开冻墨，一边跺着脚，抵御寒冷，一口气便写完了。此赋的字句里饱含激愤，倾泻了贫困时遭受的冷遇。恰巧此时，一顶八人大轿抬到他家门口。

此刻，铜锣声声，喝声阵阵；仪仗对对，威风凛凛。八抬大轿前面有护卫举着"回避""肃静"牌开路，后跟着银枪、兽剑、铜棍、皮絮，声势十足！惊得街坊纷纷出来看热闹，四邻惊诧中还露出羡慕的眼神，街坊们心想：贵客临门，这家该有好事啦！

吴敬梓打开门，大吃一惊，见登门来访者竟是安徽巡抚赵国麟！原来赵巡抚看中吴敬梓才气，特意推荐他进京参加博学鸿词科考试，吴敬梓再三推脱，可巡抚大人说推荐贤良，非他莫属。吴敬梓只好装病，忽地向后倒下。赵国麟见状，手足失措，随从们急忙掐人中，捏酸筋，忙了好一会儿也没让他苏醒。赵国麟叹了口气，便向门外走去，随从迅疾端走银子，一阵锣声远去了。

吴敬梓突然从地上跳起来说："痛快，痛快，那该

吴敬梓故居河房下，秦淮画舫日夜从他的窗下流过

《儒林外史》书影

死的八股文，我早就做厌了，管他什么会试、殿试，我一概不应，还是做我自己的事。"

　　八抬大轿离开后，吴敬梓全身热烘烘，精神更加振奋。他在稿纸上写下"儒林外史"四个字，自此，便开始了他艰难而伟大的创作生涯。

　　吴敬梓从故乡的襄河，来到科举隆盛的秦淮河，整天泡在夫子庙，他的叛逆思想随之恣肆汪洋，这也让他

吴敬梓故居文木亭

的眼界大开：没想
到科举这个让全国
人梦寐以求的晋身
之阶，竟然有许多
弊端，真是害人误
国啊！愤世妒俗的
吴敬梓，仿佛拿起
手术刀，从解剖家
族转而解剖科举制
度下的病态社会。
可是创作归创作，
他的日常生活还是
拮据。冬天冻得睡
不着觉，他就约几

吴敬梓绕城暖足青铜雕塑

个朋友，从通济门出城，走到水西门。等他从水西门回
到家里，双脚走热了，便又继续写书。吴敬梓称之为"绕
城暖足"。

后来吴敬梓终于写成长篇章回小说《儒林外史》。
这是一部讽刺小说，不但在中国有名，还被翻译成许多
种外国文字。作品描写了科举制度下，丑态百出的科场
和官场，真真假假的儒者和名士，是我国文学史上不可
多得的力作。

　　《儒林外史》假托大明之事，实则反映清代康、乾
时期科举制度下的社会百态。这部诞生于秦淮河畔的世
界文学名著，烙上了鲜明的秦淮人文基因；而作者吴敬
梓血液里渗透的，正是秦淮河的历史风景：

　　"偶然买宅秦淮岸，殊觉胜于乡里。"这是吴敬梓
《买陂塘》里的词句。秦淮是吴敬梓一生的最爱，这里
的自然形胜、人文环境、风土人情，在他的小说里栩栩
如生，读之如临其境。比如东水关、秦淮河、明城墙、
东园、瞻园、钓鱼巷、淮青桥、利涉桥、长板桥、文德
桥、武定桥、下浮桥、贡院、钞库街、三山街、聚宝门、
水西门、雨花台、鹭峰寺、承恩寺、报恩寺等城南名胜，
无不成了《儒林外史》的社会文化底色，映衬了南京古
城形象。

　　"召阮籍、嵇康，披襟箕踞，把酒共沉醉。"吴
敬梓移家秦淮后，招来一些文友设宴雅集，在其《买陂
塘》词里，直抒纵情诗酒的情愫。文学来自于生活。他
在《儒林外史》里，描写了各色人等在老城南诸多的宴
饮场景，既有自己的影子，又可以看到秦淮丰富的美味
菜肴： 28 回写道："当下三人会了茶钱，一同出来，
到三山街一个大酒楼上……堂官上来问菜，季恬逸点了
一卖肘子、一卖板鸭、一卖醉白鱼。"在26、28回里，
还写了秦淮的茶食风俗，一般招待客人，用蜜橙糕、核

桃酥；结婚时招待前来贺喜的人，桌上要摆放糖斗、糖仙，沏好蜜饯茶，以示甜甜蜜蜜。吴敬梓居住的秦淮水亭，地处夫子庙繁华之地，他对秦淮饮食文化了如指掌，如数家珍。

"向梅根冶后，几番啸傲；杏花村里，几度徜徉。"《儒林外史》56 回篇尾词中的句子，道出了吴敬梓身上的魏晋风骨和六朝风雅，实则也表现了皇城根下的南京人豁达、淡泊的人生态度。29 回里，萧金铉道："慎卿兄，我们还到雨花台岗儿上走走。"杜慎卿道："这

被称为金陵四十八景之一"杏村沽酒"的地方，吴敬梓和朋友经常在此雅集

秦淮河边的吴敬梓故居及纪念馆

最有趣。"于是大家藉草就坐在地下。日色已经西斜，
只见两个挑粪桶的，挑了两担空桶，歇在山上。这一个
拍那一个肩头，道："兄弟今日的货，已经卖完了。我
和你到永宁泉吃一壶水回来，再到雨花台看看落照。"
杜慎卿笑道："真乃菜佣酒保都有六朝烟水气，一点也
不差！"六朝是我国文化极其辉煌的时代，南京作为
六朝古都，一千多年后仍然笼罩在风雅的氛围当中，就
连普通老百姓的言谈举止，不经意间也会流露出六朝人
文气息。

　　这便是《儒林外史》里流淌出来的六朝烟水气！

灯会灯彩甲天下

明代时南京就有"秦淮灯火甲天下"之说。

所谓"秦淮灯火甲天下"有三层含义，一是指"秦淮灯会甲天下"，二是指"秦淮灯彩甲天下"。这双甲天下的说法名至实归。在此基础上，又生发出第三层含

民国时的夫子庙灯市

民国时期秦淮玩龙灯场景

义，即是指"秦淮灯船甲天下"。

秦淮"灯火"与古都同行，点亮了一二千年以来南京的生活之火、民俗之火和艺术之火。

东吴时期，胡人康僧会弘法至建业（南京）。吴大帝孙权崇佛，在秦淮河边建了建初寺。吴都延续了汉明帝以来"表佛"的做法，在岁时节庆时张灯结彩，成了秦淮灯彩的起源。东晋时逢到元宵佳节，宫廷里以彩灯装点，王导、谢安两大家族也在乌衣巷府邸挂起灯笼。南朝时候，灯彩逐渐走向民间，出现了类似元宵灯会的活动。当时"灯火满市井"的景象，堪称南北朝之翘楚。梁代简文帝萧纲《正月八日燃灯应令》云：

藕树交无极，花云衣数重。

织竹能为象，缚获巧成龙。

落灰然蕊盛，垂油湿画峰。

天宫倘可见，灯王愿可逢。

诗中反映了都城正月灯彩形制各异、盛极一时的放灯场面。到了唐宋时期，正月十五前后赏灯闹灯相沿成习。北宋诗人贺铸《秦淮夜泊》云：

官柳动春条，秦淮生暮潮。

楼台见新月，灯火上双桥。

秦淮灯会期间，各个牌坊都是彩灯高照，艳若春色

2003 年夫子庙龙蟠路上灯如海、人如潮的灯会大观

　　寓居秦淮河畔的贺铸，描绘了正月新春时，官府举办元宵节灯会的气氛。南宋大诗人范成大喜游秦淮，他在逛秦淮灯市后写下诗句：

　　　　春前腊后天好晴，已向街头作市灯。
　　　　叠玉千灯似鬼工，剪罗万眼人力穷。

　　可见，宋时"春前腊后"的秦淮灯会、灯市、灯彩已经大放异彩，灯彩已然"似鬼工"、"人力穷"了。

　　大明定鼎南京，正式拉开了"秦淮灯火（彩）甲天下"的帷幕。朱元璋为了粉饰太平，着力打造灯会盛景，把京师元宵灯会延至十日，即正月初八上灯，十三试灯，十八落灯。他经常微服私访，巡查灯市灯景，还亲自作对联、制灯谜，促进了秦淮春节、元宵节民俗活动的蓬

白鹭洲双凤和鸣大型灯彩

大成殿灯会一景

勃发展。一时间秦淮河两岸呈现"家家走桥，户户看灯"的景象，宫城内外处处张灯结彩，秦淮河成了官民同乐的海洋。

　　明成祖朱棣沿袭旧制，继续倡导元宵灯会，并把秦淮灯会推向高潮。据明《明皇通纪》记载："永乐十年正月元宵节，赐文武群臣宴，听臣民赴午门外观鳌山三日，自是岁以为常。"《南都繁会景物图卷》乃是南京的"清明上河图"，画面上就有熙熙攘攘人群观赏鳌山灯的盛大场景。朱棣下令在午门外扎制"鳌山万岁灯"，以后形成定制，还要求臣民同观三日。同时期的《上元灯彩图》，也描绘了当时秦淮河花灯映水、灯船如梭的场面。

秦淮灯会、灯彩之所以能在我国几大古都中独占鳌头，关键是采取了花灯加画舫的模式，找到了完美的结合点，由此而诞生了"秦淮灯船"。这灯船实在是灯会和画舫两个民俗活动的叠加，并且又由此产生了秦淮民俗文化的"核聚变"，使得灯会、灯彩在画舫的游动中更具动感，更加精彩，更为生动。明末清初文学家余怀在《板桥杂记》里，对灯船有着十分精致的描述：

秦淮灯船之盛，天下所无。……薄暮须臾，灯船毕集，火龙蜿蜒，光耀天地。扬槌击鼓，蹋顿波心。自聚宝门水关至通济门水关，喧阗达旦。

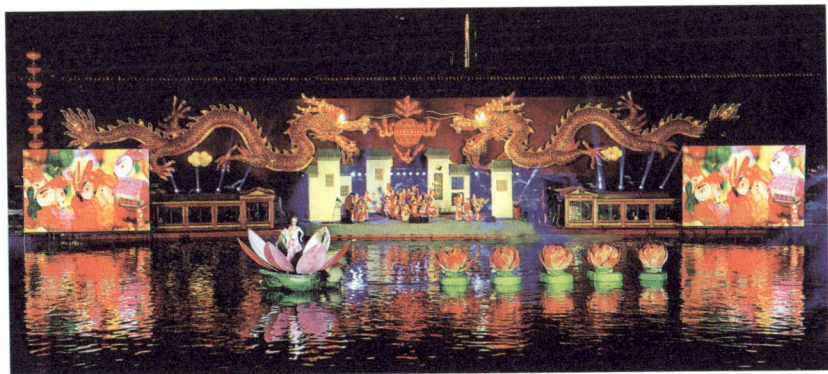

白鹭洲秦淮灯会亮灯仪式

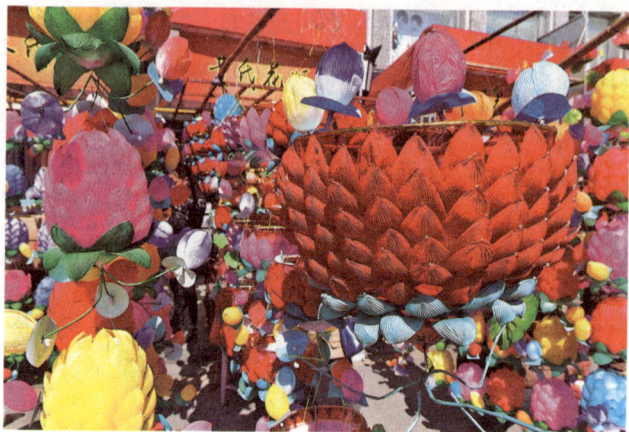

热闹的夫子庙灯市

由于有了灯与船的结合，因而便有了"秦淮灯船甲天下"的蔚为大观，这也延长了秦淮灯彩展示的时间，不仅元宵节可以赏灯，就是在平时，尤其是端午节前后也能彰显花灯的惊艳。历史上最有名的《秦淮灯船歌》写道：

> 秦淮五月水气薄，榴花乍红柳花落。
>
> 新荷半舒菡萏高，对面人家卷帘幕。
>
> 晚来列炬何喧阗，鼓吹中流一时作。
>
> 火龙一道灯船来，众响啁嘈判清浊。
>
> 一人揭鼓扬双锤，宫声坎坎两虎搏。
>
> 一人按拍秉乐句，裂帛时闻坠秋箨。

一人小击云锣清，仿佛湘娥曳珠络。

横笛短萧兼玉笙，芦管呜呜似南龠。

两旁列坐八九人，急羽繁商不相若。

或涩如调素女弦，或溜如啭早春雀；

或缓如咽松下泉，或激如挑战场槊。

有时回帆作数弄，月白沙明叫饥鹤。

六船盘旋系一缆，万点琉璃光灼灼。

牛渚燃犀群怪惊，昆明习战老鱼跃。

众人互奏时一呼，如听宫中上元乐。

…… ……

五月初五赛龙舟是传统节目。秦淮龙舟有别于其

彩凤灯彩

陆有文的《荷花金龙》《金猴拜寿》

他地方的，就是以花灯来装饰。据说有一年龙舟赛，龙舟从中华门向夫子庙进发，要通过文德桥。而文德桥是观龙舟的最佳点。比赛的时候，南京城里万人空巷，四乡八镇的人蜂拥而至，文德桥上挤得水泄不通。此时人们的注意力都集中在等候龙舟到来的时刻。突然有人高喊："龙舟来啦！"果然文德桥西边传来"咚咚"的鼓点声。桥上的人呼啦一下子向西侧拥去，桥栏杆经不起一瞬间的冲击力，"轰隆"一声倒下了。桥上观众像下饺子似的跌入河中，死伤上百人，结果万众欢腾的赛龙舟不欢而散，变成了一场悲剧。

《秦淮灯船歌》的作者汪懋麟，形象地道出了秦淮灯船的神妙之处。如今十里秦淮源头的东水关，还刻有这首长篇的诗歌呢。

入清以后，极负盛名的画家王翚，奉诏携弟子杨晋

等人，绘制了《康熙南巡图》。其中图卷江宁（南京）
部分，绘出了夫子庙、三山街一带华灯高悬的景象。晚
清版画《普天同庆》等许多作品，都有秦淮灯景的画面。
明清之际的城南笪桥、昇州路、三山街、贡院街、石坝
街及秦淮河沿岸，每到春节、元宵节，到处张灯，人潮
如涌。乾隆时的作家吴敬梓，家住在东关头，他在《儒
林外史》里写道：

　　城里一道河，东水关到西水关，足有十里，便是秦
淮。水满的时候，画船箫鼓，昼夜不绝……大街小巷，
合共起来，大小酒楼有六七百座，茶社有一千余处。不
论你走到一个僻巷里面，总有一个地方悬着灯笼卖茶，

凤栖梧吉兆满堂灯彩

秦淮灯船歌图（诸辛耕绘）

插着时鲜花朵，烹着上好的雨水，茶社里坐满了吃茶的人。到晚来，两边酒楼上明角灯，每条街上足有数千盏，照耀如同白日，走路人并不带灯笼。

那时的秦淮，河上岸上，白昼夜晚，称得上是"朝朝寒食，夜夜元宵"！历经六朝以后，明清时的秦淮灯彩已相当完备。明《正德江宁县志》记载：

上元作灯市，灯有鲭练、沙帛、鱼鱿、羊皮、料丝诸品，又有街途串游者曰滚灯，曰塑灯，商迷者曰弹壁灯加松棚于通衢，棚中奏乐，上下四旁，缀目华灯，灿若白昼……

明代秦淮灯彩品种繁多，有鱼灯、虾灯、蟹灯、菱灯、藕灯、荷花灯、蛤蟆灯、老虎灯等。清代灯彩制作水平极高，据《金陵岁时记》记载，已有用明角制作的三星

灯、八仙灯、聚宝盆灯、皮球灯、西瓜灯、金鱼灯，令
人叫绝。

清以后，秦淮灯彩的品种数量有了进一步发展，达
到300种以上。如今的秦淮灯彩种类，已从传统的单体
灯如荷花灯、狮子灯、兔子灯、金鱼灯、蛤蟆灯、元宝
灯、飞机灯等品种，发展到各种组合灯彩，许多大型灯
组竞相绽放，争奇斗艳。

早先秦淮灯彩基本都是手工制作，要经过劈、锯、
裁、剪、削、熏、烘、烤、熨、浸、染、裱、写、描、
绘、雕刻等几十道工序才能完成。其中的许多技艺都是
南京灯彩所独有的，一代
代薪火相传，延续至今。

秦淮灯彩在艺术上不
仅汲取了中国传统纸扎、
绘画、书法、剪纸、皮影、
刺绣、雕塑等艺术之长，
而且也综合了木工、漆
工、彩绘、雕饰、泥塑、
编结、裱糊、焊接、机械
传动、声光音响、电子程
控等一系列工艺技巧和制
作手段。因此秦淮人扎的

秦淮荷花灯线描图

灯，既具有大家闺秀的端庄美丽，又不乏小家碧玉的纤秀风韵。

秦淮灯会是流传于秦淮地区的大众文化活动，也是一种民间社火形式。南京的元宵节，一直是每年四季中唯一的"狂欢节"。灯会期间，除了观灯、买灯，还要玩灯、闹灯，秦淮民间流传着一首儿歌："娃娃哎，出来玩灯哎，不要你（的）红，不要你（的）绿（音鹿），只要你一根洋蜡烛。你不给，我就哭……" 一口老南京话，再加上一群小孩儿手上拿着各式花灯，充满了天真、喜庆气氛。

秦淮灯会与秦淮灯彩迎来了一个全面复兴的春天、全域竞彩的时代。改革开放以来，灯会由过去夫子庙大成殿一地，扩展到十里秦淮，点亮在城上城下、城内城外。

春节期间孩子们跳起欢快的花灯舞

灯会高潮时每天观灯达
40 万之众。有一次观灯
人潮退去，清洁工捡拾
的鞋子就有几大箩筐。

　　秦淮灯会与灯彩
欣逢盛世，韵味十足地
走向全国，走向世界。
先后组织灯彩艺人到英
国、德国、法国、比利时、
卢森堡、加拿大、美国、
日本、东南亚诸国和港、
澳、台等数十个国家和

陆友昌扎制的秦淮灯彩莲花灯，
2006 年被国家邮政总局选上中国邮票

地区举办灯会，绚丽亮灯，辉映瀛寰。

　　自 20 世纪 80 年代以来，已举办 31 届秦淮灯会。
灯海人海如潮的灯会，已成为广大民众追求美好生活的
狂欢节，自然也成了南京城市的文化大餐。新世纪的
2000 年，秦淮荣获"中国民间艺术（灯彩）之乡"称号；
2006 年，"秦淮灯会"作为民俗项目，入选中国非物
质文化遗产名录；2007 年，秦淮荣获"中国灯彩之乡"
称号；2008 年，"秦淮灯彩"作为传统技艺项目，又
入选中国非物质文化遗产名录。真可谓，灯会、灯彩两
姊妹，双双登榜映中华。

园墅无俗情

当代著名建筑学家童寯在《江南园林志》序言开篇写道："国凡有富宦大贾文人之地，殆皆私家园林之所荟萃，而其多半精华，实聚于江南一隅。"与姑苏一样，秦淮筑园，屐痕久远。

历史上的秦淮，私家园林众多。古人造园，往往将府宅别墅和园林艺术合二为一，追求生活的惬意、自然的本真，力求天人合一的逸趣。在这种自然山水一般宜居、怡情的环境里，能够折射出园主对不同文化的偏爱，以及对个人生活理想的追求。

童寯撰著的《江南园林志》书影

故而古时候园墅，与今人眼里的园林是有所差异的。

纵观秦淮园墅之盛，有两大高峰期：一在六朝，一在明清。

六朝时秦淮园林发展，不仅与山水诗、山水游记和山水画有关，还得益于社会大文化的滋养——哲学、文学、艺术、宗教和经济的繁荣，为宫苑别业的出现创造了条件。当时的官宦文人"出则游弋山水，入则言咏属文"。吴时重臣张昭的娄湖，南朝宋代大臣沈庆之的娄湖苑，还有纪瞻、谢安、江总等贵族府宅园墅，皆聚居于秦淮和青溪的山林泉石之间。

明初朱元璋定都南京，诏令禁止大兴土木。朱棣迁都，留都南京迎来私家园墅建设的兴盛期。南京陆续有园宅100多处，秦淮河两岸占据半数以上。金陵诸园中，具有代表性的，要数开国功臣徐达及其后裔的园墅，粗略统计将近10处。从明至清，夫子庙、门东和门西一带就有园林二三十座……有明一代，筑园风盛，入清迅减，民国式微。

千载之下，秦淮园墅别有天雅逸趣，却无世间俗情。其特征不外乎几点：

名人筑园。大凡历史上的秦淮园墅，其筑园、购园之人必是官宦、富贾和文人，这是由于他们的社会地位、经济基础、文化审美和休闲需求等因素决定的。

联匾园地。悬挂楹联匾额，为园墅一大特色，自古秦淮更胜他处。老门东芥子园主李渔，作有《笠翁对韵》，是关于楹联创作的专著。芥子园点缀着他的自创联匾，体现了李渔的境界、情趣和审美。

雅集天堂。园墅的社会文化功能十分显著，比如诗社、琴社、书画社的雅集，文人士大夫吟诗作画，觞咏挥毫，抚琴弄管，早成常态。这些经常性的文娱活动，推动了文化艺术的繁荣发展。

隐逸幽居。秦淮的市隐园、大隐园、遁园和愚园等园林，蕴藉着隐逸主题。江南气候温润，适于寄情山水。加上道家文化，催生了退隐思想的流行。最典型的要数顾起元的舍仕求隐，他回到秦淮故里建了遁园。朝廷七召为相皆不应。顾起元特地在园中建亭，友人题额"七召亭"。

营造经典。南朝宋明帝时，建康令张永向皇帝借门西的南苑"三百年"，这个借园之人就很擅长园墅设计。明代《园冶》，是我国最早阐述园墅营建理论和技法的著作，其作者计成就曾营造过门西的石巢园。李渔《闲情偶寄》"居室部"，是他造园理论和实践的结晶。芥子园在制联、置匾、借景、掇山、理水和植物等方面，创造中国园林营造的经典。

当代秦淮园林之胜，可说道的，惟有四园：

一说白鹭洲。

清代诗人张通之《江南好》词曰：

江南好，佳趣在东园。灵鹫文光频射斗，野禽风味
称开樽，色景似乡村。

这个佳趣所在的东园，就是今天的白鹭洲公园。此
园位于夫子庙东南，占地 230 亩，其中湖面 57 亩，是
城南地区最大的公园。明初太祖皇帝将此地赐予中山王
徐达，成为私家菜圃，曰"徐太傅园""中山园"。徐
达后人徐天赐筑园，因在十里秦淮之东，故称"东园"。

1923 年，一宜兴人在此经营茶庐，于墙壁处发现
李白诗刻，上有"二水中分白鹭洲"之句，便取名"白

东园小饮图（清人绘）

鹭洲"茶社。有人赠题一副楹联："此地为东园故址；
其名出太白遗诗。"联语道出了公园来历和园名出处。
1929 年，国民南京政府疏浚湖泊，正式定名"白鹭洲
公园"，并且对外开放。1949 年以来，屡次修整。最
近一次为 2006 年的浚湖工程，开辟水街，接通内秦淮河，
从此画舫得以环游于秀色可餐的白鹭洲。

进入园内的第一座桥叫浣花桥，此桥乃亭桥，亭子
四周各挂一副楹联，其一为：

千古销魂地；

从来风雅名。

《东园图》(明代文徵明绘)

　　明末清初，附近长桥边居住的佳丽，从园圃里采摘鲜花，来此洗濯香泥，带回去插于瓶中。过了浣花桥就是玩月桥，这桥是金陵文人赏月的佳处，仅此，东园的风雅可见一斑。园内所到之处，湖水荡漾着桥影，花木掩映着馆榭，旷达里蕴含幽深，不经意处透着文气。

　　此园以多样的植物营造秀美生态。园内植物配置与地形结合，与时令相谐，湖畔以垂柳、黄馨、金钟、蔷薇等枝条植物映衬，又以棕榈、水杉、池杉等笔直乔木对比，尤以"春水垂杨""辛夷挺秀""红杏试雨"和"夭桃吐艳"的"春四景"怡人悦性。

　　此园以多姿的桥景形成独特胜概。白鹭洲因水而活，水因桥相连，计有芳桥、萃桥、秋波桥、半青桥、

白鹭洲景色

二水桥、碧波桥、吟风桥、觅取桥、绿隐桥、状元桥、小飞虹、玩月桥、苑家桥等十余座桥梁，又有单孔桥、多拱桥、平桥、曲桥、亭桥等多种形制。它们因景而筑，桥即是景，在山环水绕之中回环蕴蓄。

此园以多元的文化凸现性灵韵味。这里既有"长桥选妓"、马湘兰故居艳迹，又有鹫峰寺、放生池净地，先后还建有一鉴堂、心远堂、藕香居、听雨轩、吟风阁、春在阁等佳构。《西游记》作者吴承恩曾到此探访，文徵明为此创作了传世的《东园图》。纪映钟、周宝偰、周在浚、顾国泰等知名诗人流连于此，都曾写下咏叹的诗篇。

二说瞻园。

瞻园名气很大。清时由乾隆皇帝亲题"瞻园"匾额，当代文豪郭沫若题写"太平天国历史博物馆"馆牌，又

金陵第一園

市博物館總館

建于明初、被称为金陵第一园的瞻园

有佛学大师赵朴初撰题"金陵第一园"门匾。2006 年，瞻园被批准为国家级文物保护单位，历为江南五大名园之一。

　　朱元璋当上皇帝后，在大封功臣时，觉得徐达的功劳最大，就把自己过去住过的行宫赐给徐达。皇帝住过的地方，臣子怎么敢住？于是朱元璋为他另造一座府第，就是今天的瞻园，至今已有 600 多个春秋。

瞻园秀色

　　乾隆十六年（1751），皇帝首次南巡，在瞻园见到一副佳联：

　　大江东去，浪淘尽千古英雄；问楼外青山，山外白云，何处是唐宫汉阙？

　　小苑春回，莺唤起一庭佳丽；看池边绿树，树边红雨，此地有舜日尧天。

建筑大师刘敦桢营造的瞻园南假山

　　乾隆帝被园里人文气势和佳山丽水所陶醉，御赐并题写园名"瞻园"。回北京后，乾隆帝下旨造一座"如园"，意思是如同瞻园。

　　瞻园东部辟为太平天国历史博物馆，其西侧为园林精华。历史上曾以梅花坞、抱石轩、老树斋、翼然亭等十八景著称。

　　在园子西部有一座敞阔的静妙堂，是园中主体建

筑。明初叫"止鉴堂"，乾隆时称"绿野堂"，清江宁
布政史李宗羲改为现名。

静妙堂之南，一座假山，气势宏大，由著名造园艺
术家刘敦桢设计和主建。假山前挂流瀑，后衬高木，完
全遮掩了瞻园路上车马的喧哗。假山倒映在清澈的涟漪
中，微风吹过，又一层层地荡漾开去。面对嶙峋假山，
人们好像站在丛山峻岭面前一样。静妙堂之北，也矗立
着一座假山，挺拔高耸，形如一张放大的梳妆台。黎明
时分，百鸟枝头梳理羽毛，仿佛正对着梳妆台打扮着呢。

南北两座假山同中有异：南边的在挺拔中透着秀
丽，北边的在壮阔中藏着灵气。

瞻园以石取胜。内有两块镇园太湖石，据说是宋徽
宗"花石纲"的遗物，一块叫"仙人峰"，一块叫"倚
云峰"。它俩默默地立于一隅，毫不显眼，竟是如此的
低调！

三说愚园。

清末门西有一座愚园，被誉为"南京狮子林"。

此园原属古凤凰台地域，是明代开国元勋徐达后裔
魏国公徐俌的别业，称魏公西园。园中水石称胜，尤以
秦淮状元朱之蕃所题的"六朝松石"为最，石又分二，
名唤"紫烟""鸡冠"。旁有古柏，传为宋仁宗手植树。
其后西园易主徽商汪氏，再易兵部尚书吴氏。乾隆以后，

愚园大门砖额

愚园鸟瞰

愚园"秋水蒹葭之馆"

吴园渐败。同治十三年（1874），苏州候补知府胡恩燮购得，构筑36景。

民初，南京著名史志学家陈诒绂在《金陵园墅志》里记道：

江宁胡煦斋太守恩燮园……有清远堂、春晖堂、水石居、无隐精舍、分荫轩、依琴拜石之斋、青山伴读之楼、镜里芙蓉、寄安、松颜馆、牧亭、城市山林、集韵轩、漱玉、觅句廊、愚湖、渡鹤桥、柳岸波光、养俟山庄、西圃、春睡轩、在水一方、鹿坪、延青阁、啸台、梅崦、界花桥、课耕草堂、容安小舍、秋水蒹葭之馆……诸胜。

1915年胡恩燮嗣子胡光国重葺园墅，共成34景，愚园故有前后70景之说。后经侵华日军屠城，国运多舛，江南才子卢前于1948年游园后写道："园荒已久，仅有瓦屋数间、垂杨几行、浅水一池。"时至21世纪初年，园子完全圮废。

也正是在此新世纪之初，落得一副破落败之状的愚园，经历了凤凰涅槃，实现了华丽转身。2007年，愚园作为老城改造复建工程全面启动。依据清末《愚园全图》，精心规划，精细施工，数年后再现了36景中的大半景致，复建如昨，古风流漾。

试看今日愚园——春柳映碧，夏莲摇红，云光水影，画境天开。

四说芥子园。

李渔营造的芥子园，是中国微型园林的经典之作。

园主李渔于顺治十四年（1657）从杭州移家金陵，住在门东周处台西侧，并在此造园。因占地面积小，其地"不及三亩"，故取名"芥子园"，如李渔在《芥子园杂联序》中所云：

老门东飘逸着淡雅之气的芥子园

　　此予金陵别业也，地止一丘，故名芥子，状其微也。往来诸公，见其稍具丘壑，谓取"芥子纳须弥"之义……

　　须弥，梵语，佛家传说中的宝山。"芥子纳须弥"，意思是园子虽小，可却小中容大，包孕万千气象。

　　李渔在园内悬挂了不少自己原创的楹联，如"孙楚楼边觞月地，孝侯台畔读书人"等，他用楹联点缀在栖

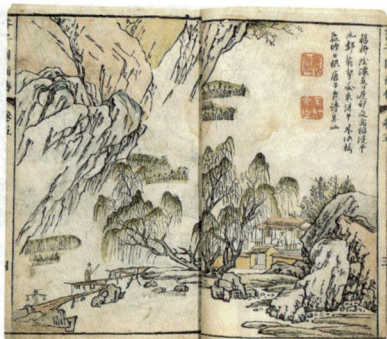

《芥子园画传》书影

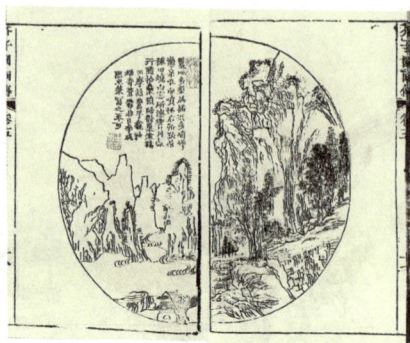

《芥子园画传》书影

云谷、荷池、月榭、歌台、一房山、浮白轩、来山阁等处，
既有文韵之味，又有天工之巧。李渔极擅造景，如浮白
轩之景，依山而设，"后有小山一座，高不逾丈，宽止
及寻，而其中则有丹崖碧水，茂林修竹，鸣禽响瀑，茅
屋板桥，凡山居所有之物，无一不备"。园门前是一片
青翠茂密的竹林，房前屋后皆种植花草树木。从书室向
外观看，四周美景尽收眼底。月榭建在荷池上，月夜登
台赏月，清风徐来，水映皓月，怡然自得。歌台即是家
庭戏班的排演场所，又是宴客观戏之处，李渔常与一些
文人学士在此宴集，一边饮酒赋诗，一边观摩家班演出。

　　这座颇具"文艺范儿"的园林，是我国古典园墅中
的小家碧玉。历经数年的精心复建，如今又呈现在老门
东的故土，也仍是当初那样的亭亭玉立！

　　上述四园，犹如嫁给秦淮的四位丽人，美色相同，风韵各异：白鹭洲的大气与端庄，瞻园的精致与优雅，愚园的内敛与温柔，芥子园的随性与自然，皆兀自浸染在江南底色里，出落于秦淮风雅中……

如今的芥子园清雅景色

后　记

正当《千秋风雅——秦淮河》杀青之际，写了一首《梦里秦淮》的歌词：

你那婉约的画船 / 摇过风雅的千年 / 水蓝蓝，桥弯弯 / 夫子庙前儒风伴入眠 / 灯闪闪，声慢慢 / 唐宋诗韵飘落我心间。

你那水墨的长卷 / 展开无尽的眷念 / 琴瑟近，箫管远 / 秦淮河边歌美人缠绵 / 杨柳岸，古渡边 / 天上人间相约我家园。

秦淮啊，芳华万千 / 一弯水中月像你的灯船 / 夜夜在我的梦中靠岸 / 秦淮啊，梦里的爱人 / 轻轻撩动你那一卷珠帘 / 悄悄羞成忆江南的乡恋。

歌词里的秦淮河，是流淌于我心灵深处的一条河。

20世纪50年代，我出生于外秦淮河畔。少年时常跟发小们在河里戏水，在岸边玩耍，还时常仰望河对岸明城墙感叹：我们南京真"来斯"（了不起），竟有这么高大的城墙！长大后，我居住在内秦淮河边，再后来到秦淮区政府工作。有幸的是，先后服务于宣传、文化和方志部门，走遍了门东门西的每一条旧街巷、每一处老民居、每一个文物点。长期以来，秦淮河水润浸着我的稿笺，濡染着我的胸臆，因此编撰出版过一些秦淮文化旅游类图书，编制过十里秦淮东、西各五华里文化资源利用规划方案，也曾为夫子庙景区、白鹭洲公园、桃叶渡街区、老门东街区、愚园、赏心亭和中国科举博物馆等处做过楹联、匾额和景点、景观等文化内容的设计。这些都为我写作《千秋风雅——秦淮河》一书，从情感附着、心路历程、文史阅历和素材取舍上做了铺垫。

一鉴秦淮，兴衰映之；千古秦淮，风雅系之。秦淮文化多元且交融，丰富而精彩：俚俗里蕴藉高华，时尚里流漾古风，温婉里不乏气节，悲情里尤现崛然。它的六朝烟水气、儒学书卷气和佛教人文气，并蓄一河，芳馨古今，香袭华夏，飘逸着金陵文明的神韵。因篇幅有限，书中所述的有形无形地标，虽不能窥其全豹，但也可知其大概。

在创作成书过程中，得到史学博士卢海鸣先生的指导，得到作家王永泉先生的赐教，龚文新先生为全书提供了当代摄影照片，吴惠风、吴啸寒、王庆顺先生和陈悦平女士细心阅校，对以上诸位方家、老师付出的辛劳，一并表示真诚的谢意！

主要参考资料

1. ［唐］许嵩撰，张忱石点校：《建康实录》，中华书局 1986 版

2. ［宋］郭茂倩编：《乐府诗集》，中华书局 2017 年版

3. ［宋］张敦颐撰：《六朝事迹编类》，南京出版社 1989 年版

4. ［宋］马光祖修、周应合纂：《景定建康志》，南京出版社 2009 年版

5. ［明］谢肇淛撰：《五杂俎》，中华书局 1959 年版

6. ［明］葛寅亮：《金陵梵刹志》，南京出版社 2011 年版

7. ［明］张岱撰，林邦钧注译：《陶庵梦忆》，上海古籍出版社 2014 版

8. ［明］钱谦益选编：《列朝诗集》，中华书局 2007 版

9. [清] 余怀撰：《板桥杂记》，上海古籍出版社2000年版

10. [清] 朱彝尊选编：《明诗综》，中华书局2007年版

11. [清] 张廷玉著：《明史》，中华书局2015年版

12. [清] 沈德潜选编：《清诗别裁集》，中华书局1975年版

13. [清] 吴敬梓撰：《儒林外史》，人民文学出版社2007年版

14. [清] 捧花生撰：《秦淮画舫录》，上海古籍出版社2012年版

15. [清末民初] 徐珂编撰：《清稗类钞》，中华书局2010年版

16. [清末民初] 陈作霖撰，[民国] 陈诒绂撰：《金陵琐志九种》，南京出版社2008年版

17. 扫叶山房发行：《秦淮香艳丛书》，民国十七年版

18. 童寯撰：《江南园林志》，中国建筑工业出版社2014版

19. 蒋赞初撰：《南京史话》，江苏人民出版社1980年版

20. 卢海鸣撰：《六朝都城》，南京出版社2002年版

21. 杨国庆、王志高撰：《南京城墙志》，凤凰出版社2008年版

22. 周安庆撰：《秦淮灯彩》，江苏文艺出版社2004版